憲法学のフロンティア

憲法学のフロンティア

長谷部恭男

岩波書店

はしがき

『憲法学のフロンティア』というタイトルのついた本書は、九〇年代に筆者が公表した論考のうち、一般読者または法学部学生を読み手として想定したものを集め、何篇かの書き下ろしの論考を加えたものである。

本書を通底する主要なテーマは以下の三つである。第一に、憲法について「考える」ことがいかなる作業であるかを、個人の自律、主権、政教分離などいくつかの基本概念を例にして示すこと、第二に、リベラル・デモクラシーの創設と維持という近代立憲主義の基本プロジェクトの内容を明らかにすること、第三に、デジタル化に代表される社会の高度情報化といわれる現象が憲法学に突きつける課題への回答を試みることである。

憲法学について「考える」という当たり前に見えることをわざわざ課題としてとりあげたことには理由がある。哲学者のジョン・サールは、人と違ってコンピュータがいかに「考えていないか」を示すために、以下のような思考実験を提案している(John Searle, *Minds, Brains & Science*, pp. 31–34(Penguin, 1984)。今、サール教授自身が、小さな部屋に監禁されているとする。この部屋には中国語の文字(漢字)が一字ずつ書かれた紙切れの詰まった箱がたくさん置かれている。部屋のごく小さな窓口から中国語で書かれた紙がさし入れられる。サール教授は中国語はわからないのだが、彼にはマニュアルが与えられており、それには、これこれの形をした文字の並んだ紙をわたされたら、Aの箱の上からX番目の文字と、Bの箱の上からY番目の文字をこの順序で窓口から送り返すようにと書かれている。その結果、彼は中国語による適切な返答を送り返すことができる。彼は中国語で何か書かれた紙がさし入れられるたびに、マニュアルを参照して指示された記号の列を送り返す。そうしているうちに、彼は作業に習熟して、中国語を本当に理解している人とほとんど変わらぬ速度で中国語の受け答えをすることができるようになる。ただ、それでもサールは全く中国語を理解していない。彼は単に意味のわからない記号を並べて送り返しているだけである。

この思考実験によってサールが示そうとしているのは、コンピュータが行っているのも、「漢字の部屋」に閉じ込められたサールと同様、与えられたプログラムに沿って記号を並べているだけだということである。コンピュータの産出した output がいかに人間のそれと似ていようと、生身の人間と区別がつかないほどコンピュータの受け答えが人間のそれを思わせるものであろうと、コンピュータはそれが並べている記号の意味を理解していない。コンピュータは人間と同じ意味で「考える」ことはない。

筆者はほぼ毎年、二月から三月にかけて、千枚余の学年末試験の答案を採点するという職業上の特権を享受している。すぐれた内容の答案も少なくないが、与えられた問題に対してほとんど機械的に反応したのではないかと思わせるほど似通った(しかも筆者が講義で語った内容とさほど関連しない)

答案を次から次へとながめていると、こうした答案を産出する人々も答案の内容を理解しているわけではなく、何らかの統一的なマニュアルに沿って記憶した文字の列を単に並べているだけではないかという疑念にかられることがある。「主権」、「人権」、「公共の福祉」といったことばの意味を理解し、考えようとすれば、マニュアル通りに記号を並べる作業にとどまりうるはずはない。

もっとも、こうしたよく似た大量の答案の産出という現象は、自らの望まない競争状態に追い込まれたプレーヤーが往々にしてとろうとする行動、つまり明示または黙示の協同歩調をとることで競争の圧力を減殺しようとする、それなりに合理的な対応の現れであって、あらゆる試験の受験者が自然に選ぶ道だという解釈もありうる。さらに、試験を受ける学生に限らず、そもそも一般に時間は稀少な資源であるから憲法についてとくに考えるために使う時間などないという反応ももっともらしく見える。ある問題について考えないで済ませるための理由は簡単に考えつくものである(すでに過去の問題だ、日々の生活と関係ない、テレビ番組と違ってつまらない等々)。

ただ、こうした反応は現在、日本社会がまがりなりにも享受している立憲主義的空間、つまりリベラル・デモクラシーという人為的空間をあまりにも当然のこととして考えすぎているきらいがある。近代立憲主義は、人の生きる空間を公共のそれと私的なそれとに区分し、後者において各個人の自律的な生を保障するとともに、前者において公共の問題に関する理性的な審議の可能性を追求しようとしてきた。こうした生活空間の切りわけは決して自然な、人間の本性にもとづくものではない。各世代の人々による意図的な努力の結果としてかろうじて維持されるものである。現に、歴史的に見て、こうした生活空間を享受することのできた人々は圧倒的に少数である。

情報化の進展は、こうした立憲主義的空間の維持に対して新たな課題を突きつけている。政府保有情報の公開、個人情報の保護と利用、デジタル化時代におけるメディア法制の構成など、こうした新たな諸課題は、根底においては、いかにして各個人の自律的な生き方と理性的な討議の行われる場を両立させるかという原理的問題と直結している。

ルソーによれば、人は社会契約を結び国家を設立することで、はじめて未開の状態を脱して人homme となる(『社会契約論ジュネーヴ草稿』第一篇第二章)。国家の基本を定める憲法は、われわれがいかなる人になろうとするかを指し示す文書であり、だからこそ、あらゆる世代の国民は憲法についてあらためて考えるべきでもある。憲法について語るとき、我々は、自分たちがどのような人間であろうとするかを語る。それは全人格を傾けて語るべき対象である。その時々の政党政治の便宜や流行の思潮にもとづいて語るべき対象ではない。本書が憲法について語ろうとする方々の助けとなれば幸いである。

本書に収められた諸論稿は相互に関連はしているものの、それぞれ独立に読むこともできる。各章の間に置かれた「プロムナード」は頭休めのつもりであるが、あまり頭が休まらないという方は読み飛ばしていただきたい。

本書がなるについては、さまざまな方々のご助力を得た。佐伯仁志、阪口正二郎両氏からは、本書の草稿の一部について貴重なご意見を頂戴した。第七、第八章は、筆者が参加を許された放送文化基金委託研究「二一世紀放送構想フォーラム」(主査・浜田純一教授)および「放送の将来展望に関する懇談会」(主査・伊藤正己教授)、日本民間放送連盟「新放送政策研究会」(主査・舟田正之教授)、文部省科学研究費助成「マルチメディア法制研究会」(主査・舟田正之教授)での研究と討議の結果を反映している。また、第六章以下の情報化の提起する諸課題に関する論考の作成にあたっては、関科学技術振興財団からの研究助成を受けた。長谷部由起子教授の誤植発見能力に今回も多いに助けられた。

本書の構成、書名の考案から校正にいたるまで、岩波書店の伊藤耕太郎氏にご尽力をいただいた。厚く御礼申し上げる。

Y・H

目　次

◉憲法学のフロンティア

はしがき

目　次

目次

第一章　リベラル・デモクラシーの基底にあるもの

リベラル・デモクラシーという概念は文脈によってさまざまな意味で用いられる。ここでは、近代立憲主義から導かれる政治体制のあり方を広く指してこの概念を用いる。こうした意味でとらえられたとき、リベラル・デモクラシーは、人の生のあり方、人と社会の関係、国家権力の性格などについて以下で述べるような独特の前提をとることになる。とりわけ本章では、そして本書を通じて、デモクラシーにもとづく国家の正当性を当然の前提とする視点はとられていない。むしろ、正当な民主国家なるものがありうるとすれば、それはいかなるものかが検討されることになる。

一　究極的価値の比較不能性

第一に、人がいかに生きるべきか、世界の意味、人生の意味は何かといった、各人の生の究極にある価値は多様でありしかも相互に比較不能であることを、リベラル・デモクラシーは前提とする。生の究極の価値が何かについて唯一の正解がすでに確定しているのであれば、あらゆる人はそれに従い、できる限りそれに忠実に生きるべきであろう。しかし、こうした究極的価値は多様であり、人によって考え方が異なる。そして、異なる価値はしばしば相互に比較不能である。(1)

「比較不能 incommensurable」であるとは、たとえば次のような事態を指す。「私」はヴェニスがこの上なく好きである。ヴェニスで一生暮らすことができれば、他に財産も名声も要らないと考える。他方、「あなた」は音楽が人生にとってこの上なく重要だと考える。美しい音楽を聴いてさえいれば、ヴェニスであれパリであれ人が行きたがるところに一度も行く機会がなくても平気である。もちろん財産も名声もいらない。このとき、どちらの生き方により価値があるかを問うことに、果たして意味はあるであろうか。

同じように、研究者として一生をローマ法の研究に捧げることと、政治家として一生を国民の福祉の向上に捧げることと、いずれがより価値があるかを問うことも意味をなさない。もちろん、ローマ法研究を究極の目的と決めた以上、その枠内では、よりよい業績を挙げる生の方が望ましいであろう。国際的に評価される研究業績を公表する生は、他の研究者の業績紹介に終わる生より優れている。しかし、後者の生き方と政治家としての生き方と、どちらがより価値があるかを問題にすることは、やはり意味をなさない。恋人が痔になってしまうよりは健康である方が望ましいであろうが、貨幣単位でいって健康な恋人の方が病気の恋人より高価であるか否か、それぞれに値段をつければいくらになるかを問うことに意味がないことと同様である。比較不能なことがらは相互に換算不能である。両者の間には共通の価値尺度がそもそも欠けている。だからこそ比較不能である。

宗教はしばしば生の究極の意義を提供すると主張する。異なる宗教は、それぞれ異なる価値が生の究極の価値であると主張する。この対立は、しばしば激烈な抗争へいたる。宗教改革後のヨーロッパにおける宗派間の世界観闘争が、その典型例である。理想の生とは、各人がそれぞれの究極的な価値を目指し、それに忠実に生きることであろう。しかし、それを各人が完全に実現しようとすれば、現世内の激烈な闘争が起こる。そこでは万人は万人に対して狼であり、そこでの生は血腥く、野蛮で短い。宗教に限らず、ある生き方が「善い生き方」だと決まれば、それ以外の生き方は「邪悪な生き方」である。異なる価値を奉ずる人々は互いに他の生き方を「邪悪な生き方」だと考えるはずであり、それに対して「聖戦」を遂行することが「善く生きる者」の義務だと考えるのが自然である。

リベラル・デモクラシーは、異なる世界観の間で優劣を決めることはできないと考える。多様な世界観が互いに殲滅戦を遂行するより、それらは比較不能であることを正面から認め、その共存をはかるべきだと考える。異なる価値を奉ずる人々は、それでもなお共に社会生活を営み、その便宜を分かちあうべきである。「理想の世界」を実現するための血みどろの闘争よりは、両立しがたい神々に帰依する人々が共存しうる、それほど高邁ではないが平和な社会を実現すべきである。

「この世の平和」を実現するために、いかに生きるべきかに関する各自の根底の道徳を括弧に入れ、あえて他の人々と共存しようとすることは、容易な決断ではない。それは不自然な選択である。リベラル・デモクラシーは不自然な選択に支えられた人為的な体制であり、放っておけば自然に発生する体制ではない。(2)

二　国家の正当化根拠

第二に、リベラル・デモクラシーは国家を自明の存在とは考えない。各人は、本来、自分の判断で自由に生きるべき存在である。なぜ、人が自身の考えによってではなく、国家の命ずるところに従って行動しなければならないかは、説明を要する事柄である。国家権力は正当化を要する。(3)

国家の正当化根拠は、比較不能な世界観に帰依する人々が、なぜ、それでも共に暮らし、社会生活の便宜を分かち合おうとするかを問うことで明らかとなる。社会生活から得られる便宜(憲法学でいう「公共の福祉」)としては、どんなものがあるであろうか。

まず考えられるのは、社会における経済活動を通じて得られる便宜である。人々は、自分の提供しうる財やサービスを他者の提供する財やサービスと交換することで、より豊かに暮らすことができる。交換によって新たに得た財やサービスは、交換によって失った財やサービスよりも価値があると本人には思われるもののはずであるから(そうでなければ、そもそも交換をするはずがない)、市場での取引を通じて、あらゆる人々は(少なくとも主観的には)より幸福になっていくはずである。

ただ、市場での取引が成り立つためには、そもそも各人はどのような財やサービスを保有し、いかにしてそれを取得しうるのか、またどのような条件の下でそれらを他の財やサービスと交換しうるのかについてのルールが定まっている必要がある。こうしたルールは、市場での自生的慣習として生成する場合もある。しかし、国家がこのようなルールを、事前に、明確な形で設定するならば、人々は自分の選択の結果について予測可能性を得ることができ、安心して市場での取引に参加できる。

こうしたルールは、「調整問題 co-ordination problem」を解決するルールの一種である。人々は、少なくとも一定の範囲内では、どれでもよいから何かのルール(群)が定まっていてほしいと考えており、他の多くの人々があるルールに従うのであれば、自分もそれに従おうと考えている。こうした場合に、人々が行動する基準として設定されるのが、ここでいう「調整問題」の解決としてのルールである。他には、たとえば交通秩序を維持するためのルールが、こうした性格を色濃く持っている。

こうして国家が人々の行動の基準となるルールを設定すると、あとは市場における自由な取引に委ねることで、人々は豊かな暮らしを手に入れることができる。当初のルール設定とその執行を除くと、国家が果たすべき役割は多くない。市場における人々の自由なイニシァティヴに委ねるだけで、ことが足りる。しかしながら、国家が果たすべき役割は、この種のものには限られない。人々が社会生活に求める便宜の中には、市場での人々の自発的選択からは自然には導かれないものもあるからである。

先程、話に出た国内の平和の維持、つまり治安の維持が、そうした便宜の典型例である。国家が存在しない自然状態では、たとえ人がそれぞれ自然権を持っていたとしても、それはきわめて不確かなものでしかない。いつ、誰が自分の財産を暴力的に、あるいは詐欺によって奪っていくかわからない。自分の権利が侵害されても、警察官もいない以上、奪われた財産は自分の実力で取り返すしかない。弱者は泣き寝入りをすることになる。また、そもそも紛争が生じたとき、それを公平に解決してくれる裁判所も存在しない。

しかし、紛争を解決し、治安を維持するこうしたサービスは、市場での自発的なイニシァティヴを通じては適切に供給されない。この種のサービスの効用は、対価を支払う直接の顧客だけではなく、社会全体にも及ぶからである。たとえば、治安維持サービスを契約を通じて提供する会社が現れたとしよう。この会社と契約を結んだ顧客は、自宅の周囲に治安を乱す「乱暴者」が現れた際は会社に通報し、「乱暴者」を退治してもらう。しかし、このとき、会社のサービスの利益を享受するのは、会社に月々の契約金を払う顧客だけではなく、周辺住民のすべてである。このため、自分の利益の最大化を合理的に図る人々は皆、誰か「間抜け」な人がこの会社と契約するのを待って、自分はそのサービスにフリー・ライドしようとするに違いない。その結果、この会社は立ち行かなくなり、結局、全住民が治安の悪化に悩むことになる。

このように、その効用が社会全体に及ぶような公共財は、市場がそれを適切に供給することができないため、国家が代わって供給し、その財源は社会全体から公平に、しかも強制的に徴収するというシステムがとられる。公共財として、どの範囲のサービスをどの程度、国家が提供すべきか、財源の公平な負担が具体的にはいかにあるべきかは、合理的な判断能力を持つ市民すべてが理性的な審議の末、民主的に決定することになる。

国家なくしては社会生活は維持しえない。比較不能な世界観に帰依する人々が、なぜ、それでも共に暮らし、社会生活の便宜を分かち合おうとするかを問うことで、国家の正当化根拠が明らかとなるはそのためである。

三　国家権力の限界

今までの議論をまとめると以下のようになる。この世には、人がそもそもいかに生きるべきかについて、相互に比較不能なさまざまな考え方が存在する。こうした状況の下で、人々がなお社会生活の便宜を享受するためには、社会の共通の利益について理性的に審議し、決定する場としての公共空間を切り拓かねばならない。人々は、社会全体の利益が何かを考える際には、人としていかに生きるべきかについての究極の価値を一応括弧に入れ、究極の価値を共有しない他の人々とともに、共通の議論のルールと枠組みに沿って、討議し決定する民主的な政治過程に参与しなければならない。リベラル・デモクラシーはそうした社会である。

注意を要するのは、リベラル・デモクラシーの下での国家の役割は、最初から限定されていることである。たとえば、国家は人としての善い生き方がいかにあるべきかを教えない。それは各人が自分で考え、自分で決断し、改訂し、自ら生きるべきである。リベラル・デモクラシーの下での国家は自明の存在ではない。それは、正当化を必要とし、正当とされる範囲内でのみ活動すべき存在である。多様な世界観を抱く人々が、それでもなお社会生活の便宜を分かち合うために人為的に構成した存在である。

人々は、国家の正当な活動範囲内の事柄に関する限りは、各自の究極の世界観を脇に置いて、何がすべての人々の共通の利益になるかを理性的に話し合う用意がなければならない。逆にいえば、社会の共通の利益と関わらない限りでは、各自はその究極の価値を自由に追求し、志を同じくする仲間と結集する余地が保障されるべきである。自分の生き方、考え方を自由に構想し、それを実践する私的な空間が各自に確保されなければならない。もし、このような空間が確保されず、究極的な価値についてさえ国家の、つまり多数派の意思が貫徹されるような社会であれば、それと異なる価値に帰依する人々は、そうした社会を根本的に不公正な社会であるとみなすであろうし、そもそもそうした社会に参加するインセンティヴを持つ理由がない。そこでは、国家の役割に関する対立は比較不能な究極的価値に関する対立に置き換えられ、理性的な対話は不可能となる。

憲法学において、「切り札」としての権利なるものが語られることがある。[4] これは、たとえその侵害が公共の福祉に関する多数派の意思に沿っているとしても、それでもなおその侵害が許されないような権利である。国家がある人の考え方や生き方が「誤っている」という理由にもとづいてその人の行動を制約しようとするとき、ここでいう「切り札」としての権利が侵害されている。そのとき、自らの生を自ら構想し切り拓くという点で人はみな平等であるという、リベラル・デモクラシーの基底的理念が攻撃されている。

権利は、自由に選択し行動しうる領域としてすべての人が生来享有するもので、理由のいかんに関わらず侵害されえないはずであり、国家がいかなる理由にもとづいて行動するかによって権利が侵害されているかが決まるのは、不自然であるとの印象を与えるかも知れない。しかし、国家を自明の存在とは考えないリベラル・デモクラシーの観点からすれば、こうしたとらえ方はさして不思議ではない。比較不能な価値観の対立という極限的闘争状態の中に理性的な公共空間を切り拓くというリベラル・デモクラシーの企図からすれば，すべての人の共通の利益に基づき，理性的審議を通じて選択された事項についてのみ国家の行動は正当化される。それを越えて，各人が本来自由に選択し行動しうる領域に国家が介入したか否かは，つきつめれば，国家がどのような理由にもとづいて行動しているかを検討することで，はじめて判明する。ある人の生き方や考え方が「間違っている」という理由にもとづいて国家が行動したか否か，つまりその人の生きる意味を包括的に定める価値選択の領域に介入するような仕方で国家が行動したか否かは，したがって決定的な論点である[5]。各人はそれぞれ自分の生きる意味を自ら選びとる存在だという意味で，根源的に平等な存在とみなされるべきである。

もっとも，リベラル・デモクラシーの下で保障されるべき権利は，「切り札」としての権利には限らない。民主的政治過程を支える公共空間は，表現の自由が厚く保障され，多様な情報が自由に行き交うことではじめて成り立つ[6]。人々の生活の豊かさを支える市場は，財産権や職業選択の自由などの経済的自由が保障され，各人の市場での選択がいかなる結果をもたらすかについての予測可能性が与えられて，はじめて成り立つ。リベラル・デモクラシーの下では，こうした公共の福祉につながる権利も保障されるべきである。

この種の権利は公共の福祉につながる権利ではあるが，その時々の政治的多数派の意思によっては左右されるべきでない権利である。それは社会の根底にあって，その長期的利益を支える権利である。短期的な計算にもとづいて表現の自由を制約するならば，長期的に見た場合に政治過程の健全性を損なうことになりかねない。早起きをしなければならない人が、目覚まし時計を、ベッドに寝たままではスイッチを切ることのできない数メートル先に置くように、こうした権利は通常の立法過程を通じては変更できないようにし、政治部門から独立した裁判所がその保障にあたるという仕組みが、多くのリベラル・デモクラシーで採用されている。(7)

四　自然権論との関連

憲法上の権利に関する通常の教科書的な説明によれば、人間は生まれながらにして自由かつ平等の権利を享有するが、国家が存在しない自然状態では、人の生来の権利は不確実なものでしかない。そこで人々は、自然権を確実に享有するために社会契約を結んで国家を樹立し、それに自然権の一部の行使を委託する。なお人々に残された部分は国家権力の及びえない領域であり、それが憲法上保障された権利である。

前節までで述べた議論は、こうした教科書的な説明と衝突するものではない。ここで問題となるのは、なぜこうした説明が必要となったかである。近代ヨーロッパに現れた自然権論は、根底的に異なる文化に属する人々が共存するための、最低限のベース・ラインを見いだすために構想されたものであった。政治思想史家のリチャード・タックが指摘するように、「グロティウス、ホッブズ、プーフェンドルフ、ロックという名前と結びつけられる、自然権を中核とする道徳的・政治的理論の一七世紀における炸裂的展開は、第一義的には、ヨーロッパの理論家による(宗教戦争後の)ヨーロッパ内部の、そしてヨーロッパとそれ以外の世界（とくに農耕文化前の諸民族）との深刻な文化的相剋から生ずる問題を解決する試みであった」(8)。

たとえば、グロティウスは、あらゆる人は自己保存への権利を持つし、またあらゆる人は、理由もなく恣意的に他人を傷つけたり、その財物を奪ったりしてはならないという、二つの規範を受け入れるはずだという。いかに異なる価値を奉ずる人々であっても、人として生きる以上は受け入れざるをえないという意味で、これらはあらゆる人に認められる権利を示している。これらの論者が唱えた自然権は、中世ヨーロッパにおける自然法の伝統からすれば大幅に内容の縮減されたものであったが、それも、根底的に異なる価値観を抱く人が、それにもかかわらず共存しうる枠組みは何かが、彼らが回答しようとしていた問題だったからである(9)。

本章の問題設定からすれば、教科書的な自然権論はいわば議論の中間点から出発していることになる。なぜ財産権や幸福追求権が保障されなければならないかという問いに対して、それがあらゆる人に認められる自然権だからと答えるのでは、単なる論点の先取りであり、納得する人はそれほど多くはないであろう。肝心なのは、およそ比較不能な異なる価値観を抱く人々がそれでも共存して社会生活を営もうとする際に、それを可能にする条件としてあらゆる人が認めざるを得ないであろう権利は何かという問いである。共同生活を営む集団構成員のすべてが、ある「導師 guru」の絶対的権威に信従しているのであれば、そこではリベラル・デモクラシーは不要であり、あらゆるメンバーが享受すべき権利が何かを議論する必要もない。また、ある社会のメンバーのすべてが、「同じ人間じゃないか、話せばわかるよ」という倫理を最終的な規範として受け入れている場合も、同様である。

五　「西欧文化帝国主義」か?

リベラル・デモクラシーは、西欧文化帝国主義のあらわれにすぎないと言われることがある。他の社会には他の文化があり、そこでは必ずしも西欧式の権利義務関係にもとづいて人間と人間、人間と国家の関係が意味づけられるわけではない。そうした異文化では、国家が究極的な生の意味を社会の構成員に与えることもある。たとえば、古典古代の都市国家では、国を守るために戦い、そして死ぬことは、その人が真に価値のある生をおくったことを意味するできごとであったかも知れない。生活領域を公的空間と私的空間とに切りわけ、各人の究極的価値を貫きうる領域を後者に限定するリベラル・デモクラシーは、こうした観点からすれば、きわめて不自然な生き方を強いる制度である。こうした疑問にリベラル・デモクラシーはいかに答えるであろうか。

リベラル・デモクラシーを尊重する人々も、自己の世界を包括的に意味づける究極の価値はそれぞれ持っている。ただ、彼(女)らは、そうした価値は多様であり相互に比較不能であること、そして、このような多様な価値を奉ずる人々がなお社会生活の便宜を享受しようとすれば、不自然に見える境界設定をし、二重人格的生活をおくらざるをえないことを、避けようのない事実として受け入れる。リベラル・デモクラシーは、究極的価値が多様化し、せめぎ合う社会で人々が平和共存するための知恵である。確かにそれは西欧社会で生まれ育った知恵であるが、その適用範囲が西欧文化圏内にとどまるべき理由はない。それを否定しようとする人は、究極的価値が多様でかつ比較不能である事実を否定する人であり、自らの奉ずる価値を、同じ社会に生きる他の人々もすべて受け入れるべきことを、信じて疑わぬ人であろう。

もっとも、異なる文化の平和共存をはかる方策が、リベラル・デモクラシーに限られていないことは事実である。たとえば、国内に存する異なる文化集団が互いに共存する意思を失い、そのすべてを覆う共通の利益について理性的に検討することが、実際問題として、困難となることはありうる。そうした場合には、異なる文化にそれぞれ広範な自治を認める連邦制度をとることが適切となるであろうし、さらに事態が悪化して共通の利益を討議する空間を構成する企図が決定的に挫折すれば、国を分割して複数の独立国家を形成することが、むしろこの世の平和を実現する蓋然性を増すであろう。近年でも、この種の例を世界各地において見いだすことができる。(10)

逆に、いかに国内における価値の対立が激烈なものであろうと、共通の利益を討議する公共空間をあくまで維持しようとするならば、社会生活の共通の枠組みとなるルールの内容への拘束は希薄なものとならざるをえない。この点を浮き彫りにするのはホッブズが『リヴァイアサン』で示す主権正当化の論理である。人が「万人が万人と闘う」自然状態の野蛮で惨めな境遇から抜け出すためには、何より平和を確保することが先決である。そして、平和の確保が困難であればあるほど、つまり自然状態における対立抗争が激烈であればあるほど、平和を確保する主権者の必要性と権威は高まり、主権者の命令には、その内容が何であれ、従うべき理由が強まる。

ワイマール共和国で支配的であった法実証主義は、実質的な価値判断を排除し、実定法を実定法であるがゆえに法として認識する形式的思考様式を押し進めて、ナチズムへの抵抗力を弱めたと批判されることがある。しかし、ベッケンフェルデ教授が指摘するように、「社会的にもイデオロギー的にも同質性を失った社会状況において、『絶対の法』や『絶対的価値』に訴えかけることは、特定の集団の考え方や目的に政治的特権を与えることを意味する」[11]。実質的価値へのコミットメントの希薄な形式的「法治国」観念であってはじめて、イデオロギー的に深刻に分裂した国家を統合し、共通のルールを設定する役割を果たしうる。言い換えると、戦後の西欧社会において、リベラル・デモクラシーの観念に沿う、より実質的な「法治国」の概念が共通の理念として受け入れられるにいたったのは、さまざまな歴史的・社会的条件が、西欧諸国におけるイデオロギー対立の幅を一定限度内に抑えたという事情があったからである。その意味でも、リベラル・デモクラシーの存立と維持は偶然であり、歴史の必然ではない[12]。

六　ま　と　め

リベラル・デモクラシーは不自然で人為的な偶然の存在であり、それゆえの壊れやすさを含む。それは、その社会で暮らす人々に、ある種の性格の強さを要求する。究極的価値観が多様であり相互に比較不能であること、それでも自分はそうした「戦う神々」の一つを選択し、それによって自分の生を意味づけ切り拓かねばならないという事態を直視するよう要求する。生の意味を誰か他の人に与えてもらいたいと願う人、できれば国家に与えてもらいたいと願う人には、リベラル・デモクラシーは向いていない。同様に、この世の現実とかけはなれた高邁な理想を、国家機構を通じて実現すべきだと説く人に、リベラル・デモクラシーは猜疑の目を向ける。

リベラル・デモクラシーの下でも、私的領域では多様な価値が相互にせめぎあう。そこでは、国家成立前の自然状態と同様に、「強者による弱者の抑圧」のような、ある立場から見れば許しがたいような生活様式が、宗教団体や家族など特定の部分社会内部で成立し、再生産されることも起こりうる。しかし、それを理由に公的領域と私的領域の区別自体を攻撃し、公的領域の全面化を主張しようとする人々は、公的領域と私的領域の区別が抹消したとき、その事態を同じように批判・攻撃することが果して可能か否かに思いをいたすべきであろう。この転換は不可逆的である。

ある社会がリベラル・デモクラシーでありつづけることができるか否かは、当該社会にそもそも多様な価値観の分裂が存在するか、存在するとしてそれがどれ程深刻かという偶然の事情に依存すると同時に、当該社会のメンバーが、価値観の分裂にもかかわらず、社会の共通の利益について理性的に審議・決定しうる公共空間を開拓し維持しようとする意思をどれほど強く持つかにも依存している。(13)

注

(1)　比較不能性の概念については、ジョゼフ・ラズ『自由と権利』森際康友編訳第Ⅳ章(勁草書房、一九九六)、および拙稿「憲法学における比較不能性」芦部信喜先生古稀祝賀『現代立憲主義の展開』下(有斐閣、一九九九三)所収参照。

(2) 樋口陽一教授は、憲法学が「あえていえば、人間の本性からいえば無理をしないと維持してゆくことがむずかしいような建前を扱う学問」であることを指摘する(樋口陽一編著『ホーンブック憲法』二九―三〇頁(北樹出版、一九九三))。

(3) たとえば、国家は、歴史における「理性」の自己実現の結果として、ある民族の一体性ないし優越性の精神的現れとして、あるいは真の人間性に目覚めた平等者の社会を実現すべくプロレタリアートの前衛によって指導される暴力装置として、当然に正当とみなされる存在ではない。個人の判断と国家の権威との関係については、さしあたり拙稿「国家権力の正当性とその限界」『岩波講座現代の法1 現代国家と法』(岩波書店、一九九七)所収参照。

(4) たとえば樋口陽一『憲法』改訂版一六九―一七〇頁(創文社、一九九八)、拙著『憲法』一一八―一二一頁(新世社、一九九六)。「切り札」としての権利という概念は、法哲学者のロナルド・ドゥオーキンによって広められたものである。

(5) もっとも、国家がこうした理由にもとづいて行動したと公言することはあまり期待できない。国家は他のもっともらしい理由を標榜するものであろう。こうした問題に対処する方法の一つは、国家の主張する理由と、国家の実際の行動との間に、目的―手段としてどの程度強い関連性があるかを審査することである。特定の内容の表現活動を禁止する立法のように、国家が不当な理由にもとづいて行動している蓋然性が高い場合には、国家の標榜する理由と実際の行動との間の関連性について高度の立証基準を要求することで、国家が裏口から「切り札」としての権利を侵害する道を塞ぐことができる。

(6) 公共空間を形成し、再生産し、そこでの議論を豊かな実りあるものとするために保障される表現の自由は、競合する私的観点を超えた、社会公共の利益を目指す言論活動のみに認められるわけではない。生の意義に関するさまざまな考え方に自由な表現の場を与えることは、人々に自分の生を意味づける多様な選択肢を提供する。人々は、自分と根底的に異なる生き方や考え方があることを知り、それらへの寛容の心が養われ、多様な世界観の共存を可能とする枠組みの必要性を改めて認識することとなる。個人の自律性を育て、公共空間の豊穣さを保つためには、こうした言論の自由をも厚く保障すべきである。

(7)　これに対して、憲法は一般的な行動の自由を広く認めており、「切り札」としての権利とそれ以外の権利とを区別してはいないという主張も有力である。この主張の説得力は、単に各人がやりたいと思うことをあまねく保護することに特別の論拠は不要であり、したがって「切り札」としての権利が別に存在するという主張よりも、広く受け入れやすいという感覚にあるように思われる。しかし、この感覚は見かけの上のものである。人のやりたいこと、つまり各人の選好にはすべて一様に価値があり、したがってそれを同じように保護すべきだという主張は、それ自体特殊な立場——選好功利主義——にコミットしており、決して誰もが容易に受け入れられる議論ではない。それは「戦う神々」の一つに帰依している。多様な価値観がせめぎ合う社会においてベース・ラインとなりうるのは、本文で述べた通り、むしろ「切り札」としての権利論である。

(8)　Richard Tuck, Rights and Pluralism, in *Philosophy in an Age of Pluralism: The Philosophy of Charles Taylor in Question*, ed. by James Tully, p. 163. (Cambridge University Press, 1994). なお、拙稿「文化の多様性と立憲主義の未来」井上達夫他編『法の臨界』第一巻(東京大学出版会、一九九九)所収参照。

(9)　拙稿・前掲注(8)参照。

(10)　たとえば旧ユーゴスラヴィアの分裂やベルギーにおける連邦制の展開を見よ。

(11)　Ernst-Wolfgang Böckenförde, *Staat, Gesellschaft, Freiheit* S. 75 f. (Suhrkamp, 1976).

(12)　リベラル・デモクラシーがどの程度までの価値対立の幅を許容しうるかは、困難な問題を提起する。ドイツのボン基本法は、いわゆる「戦う民主主義 wehrhafte Democratie」を標榜して「自由で民主的な基本秩序」の転覆を企図する政党・結社を憲法上禁止し、表現の自由を含む基本権を「自由で民主的基本秩序」を攻撃するために行使する者は、基本権を喪失する旨を規定する(九条二項、一八条、二一条二項参照)。実際、ドイツ憲法裁判所は、一九五二年および五六年に、それぞれ社会主義ライヒ党(ネオ・ナチ党)とドイツ共産党が二一条二項に反するとし、その解散と財産没収を命じた(BVerfGE 2, 1; BVerfGE 5, 85)。自由の敵に自由を与えるなという立場は、リベラル・デモクラシーの人為性と偶然性、そしてそれ故の「壊れやすさ」に敏感に対処しようとする立場である。ただ、この点でボン基本法の立場と他の立憲主義諸国との距離を過度に強調すべきではない。一九五〇年代のアメリカ連邦最高裁は、共産主義活動家の表現の自由に対してきわめて冷淡な態度をとったし(e. g., Dennis v. United States, 341 U. S. 494 (1951))、ドイツでは、体制が安定するとともに政府が政党の違憲訴訟を提起すること自体が次第に稀となり、共産党も名称を変えて活動を続けている。

(13) 日本において、リベラル・デモクラシーの形成と維持の試みがつき当たる問題は一様ではない。それはまず、多様な世界観それぞれの意義を真剣に受け止めず、あらゆる道徳上・社会上の問題をあたかも調整問題であるかのように見ようとする態度と衝突する。「社会の大勢」や「グローバル・スタンダード」など、それ自体としては道徳的正当性を持たない任意の標準にあわせて人々の社会的相互作用を調整することが根本的に重要だという思考様式はその典型である。もちろん「調整問題」として処理すべき事項も少なからず存在するが、社会の多数派の考え方からも守られるべき人権の限界を「社会通念」によって画するべきだといわれる際には、その欠陥があらわになる。この点については、本書「プロムナード　その6」のほか、より詳しくは拙著『権力への懐疑』第八章(日本評論社、一九九一)参照。他方、本文でも触れた通り、リベラル・デモクラシーは、ある特定の善の観念をすべての国民に強制しようとする立場と正面から衝突する。「平和主義 pacifism」という特定の領域に限定してこの問題を取り扱ったものとして、拙稿「平和主義の原理的考察」憲法問題一〇号(一九九九)所収参照。

プロムナード その1

多くのことがらでは、適用される法的ルールが定まっていることの方が、それが正しく定まることより重要である。

――ルイス・ブランダイス

ジェレミー・ベンサム (Jeremy Bentham) は、功利主義を代表する哲学者である。彼は法学徒として出発した人で、快楽と苦痛にもとづいて人や政府の行動の善悪を判断する指針を示したのみならず、権利・義務・権限といった抽象的法概念の分析から、あるべき監獄の設計・運営にいたるまで、現代の法律学にとっても示唆深い考察を残している。

ここで話題にとりあげるのは、彼の名前 Bentham の読み方についてである。筆者が尊敬おくあたわざる研究者の中にも、Bentham をベンサムではなく「ベンタム」と発音すべきだと力説し、それを実践する方々がおられる。筆者はというと、相変わらず世界の多くの人々がそう発音するように「ベンサム」と発音し、そう表記している。筆者の考えでは、この問題のトリヴィアリティをみきわめることが重要である。なぜなら、この問題がなぜ重要でないかという問題そのものは重要な問題だからである。

＊

世の中には、さまざまな可能な選択肢のうちどれに決まるかよりも、とにかくそのうちのどれかに決まっていること自体が重要なことがらが数多くある。社会生活のいろいろなきまりの大部分はそうした性格を持っている。上りの電車は何時何分に発車するのか、燃えるゴミは何曜日の朝に出せばよいのか、交差点で出会った車のうちどちらに優先権があるのか、国賓が訪れた際の礼砲は何発撃つべきなのか、有効な遺言をするためには証人が必要なのかどうか……。人により、個別の状況により多少の便不便はあるとしても、これらはとにかく、それに応じて大部分の人々が行動できるよう、どれか一つに答えが決まっていることが重要なことがらである。

答えを正しく決める手掛かりとなるような、ありがたい道徳原理はみつかりそうもない。燃えるゴミを月・木に集める街は道徳にかなっているが、火・金に集める街は不道徳だといえないことは、車が左側を通る日本やイギリスは道徳的だが右側を通るフランスやアメリカは不道徳だといえないのと同様である。ここであてはまる道徳原理があるとすれば、それは、みんながあるルールを守っているならば、よほどの理由がない限り、君はそれに従って行動すべきだ(し、それが君自身のためでもある)というものであろう。なぜそう決まっているかについて合理的根拠はないが、いったん決まったことに従うことには合理的根拠がある。

さて、この道徳は一種の功利主義によって裏付けられている。功利主義は、社会の利益の最大化に寄与するか否かが、善悪を判断するための唯一の基準だと主張する。そのために、功利主義は一部の人々を犠牲にして残りの大部分の人々の福祉を向上させることを正当化しかねないとして批判されることがある。たとえば、通りかかった人を捕まえて解剖し、その臓器をそれぞれ移植を必要とする数人の患者に分配すれば、一人の犠牲で複数の人の生命が救われる。功利主義はこのような作業を正当化しないだろうか(もちろん、このようなことが頻繁に行われれば、人はおちおち道も歩けなくなり、その結果、社会全体の利益はむしろ低下すると功利主義者は応答することができるが、この応答は肝心な論点をはずしている感は否めない)。

ただ、今問題にしているような状況では、一部の人々の利益が社会全体のために犠牲となる心配は無用である。車は左と決まっている社会で左側を運転することは、本人のためでもあるし、同時に万人のためにもなる。逆に、そうした社会で右側を運転すれば、本人のためにもならないし、他人もおおいに迷惑する。

功利主義となれば、話はおのずとベンサムへと向かう。アメリカの法哲学者であるジェラルド・ポステマ(Gerald Postema)によれば、ベンサムの法理論のかなりの部分は、以上のような万人の利益につながる功利主義的考慮というべきもので説明することができる(G. Postema, *Bentham and the Common Law Tradition* (Clarendon Press, 1986))。

「主権者」の概念を例にとると、ベンサムは、主権者を「社会の大部分の人々が事実上服従している相手」として把握する。主権者の主要な任務は、社会生活のさまざまなルールを設定して、人々がそれに対応して各自の利益をはかりながら、自分の行動を決定できるような条件を整えることである。各個人は自分の利益の最大化を目指して行動するはずであるから、行動の結果が予測できるよう社会生活のルール、つまり法を設定しておけば、個々人の利益の集計量である社会全体の利益も最大化するはずである。

ところで、誰がこのようなルール設定を行う主権者なのかという問題自体も、実は、とにかく誰かに決まってくれていることが重要な問題の一類型である。そこでベンサムの主権者の定義が生きてくる。ある社会の大部分の人々が、「この人(人々)が主権者であり、ルール設定者だ」として服従しているのであれば、その人(人々)の設定するルールに従うことは、当該社会で暮らすすべての人々の利益にかなうはずである。「勝てば官軍」という言い回しがあるが、勝って人々の服従を得ていなければそもそも官軍としての用に立たないのであるから、この言い回しは単なるトートロジーと言うべきであろう。

＊

ここで冒頭の問題に戻ると、固有名詞をどう発音するかは、言及される対象を同定するための重要な手掛かりである。多くの人が発音するように発音し、表記しなければ無用な混乱を招くことになる。ここでも、とにかく何かに決まっていることが重要であり、大部分の人々が採用する発音や表記が、そのことばの淵源に照らして正確といえるか否かは二次的な重要性しか持たない。

『古事記』の下つ巻をひきながら、筆者の姓は暴虐非道な雄略天皇の舎人の呼び名に由来するものであるから、学問的には「はつせべ」と読むのが正しいという人が現れたとしても、筆者としてはまわりの人々に「はつせべ」と私のことを呼ぶよう頼んだりはしないであろう。雄略天皇が慈愛にあふれた英邁な君主だったとしても事情は変わらない。

それと同様に、Bentham が国際的に流通する固有名詞である以上、世界の多くの人々、とくにほとんどのベンサム研究者が Bentham を「ベンサム」と発音するのであれば、やはりそう発音し、表記すべきだと筆者は考える。ベンサムもきっと同意するであろう。

第二章　個人の自律と平等

一　個人の自律

憲法一三条は、その前段で「すべて国民は、個人として尊重される」と定める。現在の日本は、民族や階級あるいは国家の栄光を至上の価値とする社会ではなく、個人を基本とする社会である。憲法上の権利が誰に、どのように保障されるべきかを考える上でも、個人の尊重という理念が出発点となる。

個人の尊重とは何を意味するであろうか。まず思いつくのは、個人を、自分のことは自分で判断して行動できる一人前の存在として扱うことである。個人が自ら決定したことは、それを尊重しなければならない。つまり、個人の自律の尊重が要請される。

二　殺人の自由？(1)

ところで、個人の自律という観念には、大きく二通りのとらえ方がある。第一に、個人の自律の中身を非常に広くとらえる立場がある。この立場によると、個人の自律の尊重とは、各個人にはやりたいことを何でも思い通りにやる自由があることを意味し、そのような無制限な自由を憲法は保障している。自分の選んだ宗教を信仰する自由や自分の思ったことを話す自由にとどまらず、思うがままに人を拉致・監禁したり、拷問にかけたり、殺したりする自由が憲法上保障されている。

もちろん話はここで終わりではない。このような無制限な自由をすべての国民が実際に思うがままに行使すれば、恐るべき世界が現出することになる。トマス・ホッブズが『リヴァイアサン』の中で描いた自然状態のように、このような状況の下では、人生は孤独でみじめで殺伐とし、短く儚いものとなるだろう。これでは人間らしい生活が(少なくとも先進諸国で暮らす人々が考えるそれが)、そもそも成り立ちえない。そこで憲法は「公共の福祉」という別の理念を用意している。これは、人権相互の衝突を調整する原理である。ある人権を制約する根拠になるのは、それと衝突する他の人権しかありえない。人々が憲法上与えられた権利を無制限に行使することは、お互いの人権を損ないあうことになり社会全体の利益に反する。したがって、公共の福祉にそって憲法上の権利は制約を受ける。この制約は、国の法令によって具体化され、その法令が憲法に反しないよう、裁判所が違憲審査権によってコントロールする。

なるほどこれで、結論としては妥当な線に落ち着きそうである。しかし、この議論はいくつかの点でわれわれの直観に反するように思われる。まず、憲法は、そもそも人を殺す自由や拉致・監禁する自由を保障しているのだろうか。日本国憲法は近代立憲主義の系譜に属する。その近代立憲主義は、社会契約論を思想の源とする。社会契約論によれば、人々は自然状態のさまざまな困難から脱け出して、生来の人権がよりよく保障されるよう社会契約を結んで国家を樹立し、その支配の下で生活することにした。人々がよりよく保障してもらうことを望んだ権利の中に、人を殺す自由や拉致・監禁する自由が含まれていたとは考えにくい。むしろ、無闇に暴力が振るわれる状況、誰もが欲望を満たすために手段を選ばないような状況から抜け出すためにこそ、人々は社会契約を結んだのではないだろうか。

三　公共の福祉

また、公共の福祉と人権との関係についても、このとらえ方には疑問がある。このとらえ方は、ある人権を制約する根拠となるのは必ず他の人権でなければならないという前提から出発するが、これもわれわれの常識と衝突する。たとえば、空港の騒音が周辺住民の静穏な環境で暮らす権利を侵害しており、それにもかかわらず空港の使用それ自体は許されるべきだという場合、どんな人権が周辺住民の権利と衝突しているのだろうか。考えられるのは、空港を利用する乗客の利便、空港による地域経済の発展などであるが、これらは、いったい憲法のどの条文が保障する人権だろうか。空港が使用できなくなったとき、誰が裁判で人権侵害だという主張をすることができるだろうか。

空港利用者の利便や地域経済の発展などは、公共の福祉として、社会全体に帰属するものと考えるのが自然である。公共の安全や公衆衛生の維持もそうである。政府は、個人の人権の保障だけではなく、公共の福祉という社会全体の利益の実現をもその任務としている。この明白な事実を直視しないでいると、現にある憲法上の権利が制約されている場合に、その制約根拠となっているものも憲法上の権利だという誤った推論を導く危険がある。

さらに、上述のようなとらえ方からすると、人権の保障とは、つまるところ公共の福祉の実現に帰着することになる。相互に衝突する多数の人権は公共の福祉によって見事に調整されるはずだからである。しかし、あらゆる個人の人権を、すべて見事に調整する魔法のような物差しが存在するだろうか。個人の自律は、結局、社会全体の利益に解消されてしまうのだろうか。このうまい話が信じがたいとすると、個人の自律を尊重するためには、公共の福祉を名目とする政府の規制に反しても、なお個人の決定を尊重すべき場合があるのではないかという問題を考える必要が出てくる。

四　個人の根源的平等

それでは、尊重されるべき個人の自律はどのようにとらえられるべきだろうか。

人にとって、人生の意味はあらかじめ与えられているわけではない。世界の意味や人生の目的について「唯一の正解」が発見されるべきものとして、そのあたりにゴロリところがっているわけではない。人生の意味は、各自がそれぞれの人生をみずから構想し、選択し、それを自らが生きることではじめて見出される。個人の自律とは、このような個人の決定のあり方、人生の意味づけ方を示している。個人の尊重とは、自らの人生を構想し、選択し、自ら生きる存在として、あらゆる個人は平等に扱われなければならないことを意味する。この根源的な平等性こそが人権の核心である。

このようなとらえ方からすると、人がなにかをやりたいと思い立ったからといって、それを人の迷惑をおしてまで実行に移す権利が憲法上保障されているということにはならない。たとえば、住宅地域に住むある人がグレン・グールドのような天才的ピアニストになりたいと思い立って、朝から夜遅くまでピアノを弾きはじめたとき、それが彼(女)の自律的決定だからといって、どんな理由によってもそれを妨げてはならないとはいえないであろう。その人が、世界最終戦争の到来を予感して、それに備えるためにさまざまな生物化学兵器を製造し、その副生成物を周辺にまき散らしはじめた場合でも同様である。この種の行動は、それを決めたその人自身にとってしか意味のない行動であり、それに、周辺の人々を含めた社会全体の利益をくつがえす価値を認めることは難しい。

社会全体の利益に反してまでも尊重されるべき権利といえるためには、どんな人でも、もしその人が自律的な生き方をしようとすれば、社会の多くの人々の考えに反してでも保障してほしいと思うような、そんな権利でなければならないだろう。どんな場合に、そうした権利が侵害されていると言えるだろうか。

典型的なのは、自分の人生を自分で意味づける存在としての平等性を否定された場合である。自分の具体的な行動が他人にもたらす迷惑や害悪のためではなく、自分の選択した生き方や考え方が、「間違った」生き方だからという理由にもとづいて否定され、干渉されるとき、この根源的な平等性が否定されている。たとえば、ポルノグラフィは道徳的に堕落したものであるから、その出版を禁止することは正しいという理由づけは、ポルノの読者の道徳的な自律性の否定の上に成り立っている。

彼(女)らは、自分の人生を理性的に選びとる一人前の存在として扱われていない。世界最終戦争が来るなどという予言は、他の誰も信じていない間違った考えなのだから、それを前提としていろいろな行動をとること自体が間違っているという場合も同様である。個人は、それぞれ自分の考えにしたがって自由にその生き方を決め、それを自ら生きていく存在であり、この点に関する限りいかなる差別も認められない。

表現の自由を典型とする精神的自由権の規制については、精神活動の内容に着目した規制は、精神活動の時・所・方法を限定して規制する場合よりも、その憲法適合性が厳しく審査されるべきであると一般に考えられている。精神活動の内容を理由とする規制は、その精神活動そのものが間違った考え方であるという理由で行われる危険性が高いからである。もし、その表現活動が、たとえば周辺に住む人々におよぼす迷惑のために規制が必要だというのであれば、一定の時間や場所、表現方法に限った規制でそれを軽減し、個人の自由な活動と社会全体の利益の調和をはかることができるはずである。

五　個人の平等と自律

いま、個人の自律性を保つための条件として、自分の人生を自分で意味づける存在としての個人の平等性という考え方に触れた。実は、平等という考え方をつきつめて考えることで、なぜ個人の自律を保障すべきかを明らかにすることもできる。

人は生まれながらにして平等である。しかし、あらゆる人を単純に同様に取り扱えばそれで足りるわけではない。犯罪者もそうでない人も同様に監獄に入れるべきだとか、入学試験の点数にかかわりなくすべての受験者を入学させるべきだと正気で主張する人はいないであろう。収入や財産の多寡にかかわらずすべての人が同額の税金を納めることが平等だともいいにくい。[2]

人は、収入、財産、体力、知力、社会的地位など、さまざまな点で異なっている。それにもかかわらず人を「平等」に取り扱うことはそもそも可能であろうか。一つの回答は、「等しい者は等しく、等しくない者は等しくなく扱うべし」という古来の格言に見いだすことができる。この考え方からすれば、金持ちは金持ちなりに、また体力のある人はそれなりに、そうでない人々とは異なった取り扱いをすべきこととなり、いま述べたような悪平等のもたらされる心配はなくなりそうである。しかし、この原則だけでは問題は解決しない。人のどのような特徴や立場に着目して、等しく扱うべき場合とそうでない場合とを区別するかがはっきりしないからである。

たとえば、人種や性別は人の特徴の一つであるが、肌の色が異なるからとか、性別が異なるからという理由で職業や学校を区別し、白人や男性だけを優遇することは許されない。なぜこのような差別が不当であるかは、相手の立場に立ってもその差別が正当化できるか否かを考えてみればわかる。高い税率で税金を払わねばならない高額所得者も、自分自身が低い所得しか得られない状況を想定するならば、少なくともある種の累進税率を正当だと考えるであろう。また、能力のある人が多くの収入を得るような経済体制も、もし能力と無関係に等しく所得が分配される社会で起こるであろう経済活動の非効率と停滞とを考えるなら、大部分の人々の同意を得られるはずである。

しかし、職業や学校に関する人種差別や男女差別が、差別される人種や性の立場から見て正当化されるとは考えにくい。いいかえれば、性にもとづく取り扱いの差異のうち、男性も女性も納得できるようなもののみが許される男女差別だということになる。男女のトイレを別にすること（そして女性トイレのスペースをより広くとること）は、その一例である。

それでは、人の置かれたさまざまな立場や特徴を考慮した上で、相手の立場から見てもなお納得できるように見える制度であれば、全く問題はないであろうか。これでもまだ問題が残る。人は前に挙げた財産や体力、知力のようなある程度、客観的に判別できる点で違いがあるだけではなく、人生の目標や世界観、趣味や好みのような、その人自身にしか決められず、またその人自身にしか容易にはわからない点においても異なっているからである。このような主観的にしか判断しえない側面についても、個人の差異に応じた配慮が必要である。自分のして欲しいように相手を扱うことは、必ずしも相手のためにならない。客観的な要因を総合的に考慮した上で、すべての人に納得がいくはずだと立法者が考える制度であっても、社会の多数派と根本的に異なる思想や信条を持つ人々にとっては耐えがたい制度であるかも知れない。

「マルクス主義に依拠した君の世界観は間違っているから」とか「マンガばかり読んでいる君の趣味は低劣だから」という理由にもとづいて、マルクス主義思想を弾圧する法律やマンガを検閲する法律が制定され、それに従って国家が個人の生活に干渉をはじめたとき、干渉を受ける側がその制度を正当なものとして受け入れる余地はないであろう。この種の法律は、個人の根源的な平等性を否定している。個人は、それぞれ自分の考えるところにしたがって、自由に自分の生き方を決め、それを自ら生きていく権利を持っている。

逆に、殺人の自由や強盗の自由が、人の生来の自由に含まれないのも、同じ理由で説明できる。他人の生命、身体、財産などを侵害することが禁止され、国家による処罰の対象となるのは、生命、身体、財産等の保全が、個人が自由に自分の人生を選び、それを生きるための必要条件だからである。いつ、他人に暴力を振るわれ、生命や財産を奪われるかも知れない危険な状況（ホッブズの描く「自然状態」）では、個人が自由に自分の人生を設定して生きることは望みえない。

個人の自律と平等とは、根底において結びついている。

注

（１）以下、第二節から第四節にかけての記述について、詳しくは拙稿「国家権力の限界と人権」樋口陽一編『講座憲法学第三巻　権利の保障(1)』（日本評論社、一九九四）参照。個人の自律を広く理解する説の代表は、宮沢俊義『憲法Ⅱ』〔新版〕二一八―二三九頁（有斐閣、一九七四）で展開された、いわゆる一元的内在制約説である。他方、憲法が個人に保障する権利の内容は、そもそも一定の制約を前提としているとする見解の代表として、樋口陽一『憲法』改訂版一九二―一九五頁（創文社、一九九八）がある。

（２）ドイツの憲法裁判所は、租税の分野で富者と貧者とを形式的に同等に扱うことは、むしろ平等原則違反になるとして、累進税率が基本法の要求であるとしている（BVerfGE 51, 68–69）。

プロムナード その2

ネズミの生が不条理でないのは、彼には自分がネズミにすぎないことを気づくのに必要な自己意識と自己超越の能力が欠けているからである。……自己意識が与えられたとすれば、ネズミは答えのない疑問に満ちた、しかし捨て去ることのできない目的にも満ちた、無味乾燥で気の狂いそうな生に戻っていかなければならない。

——トマス・ネーゲル

この世には、好きなことにしろ嫌いなことにしろ、他にたとえようもなく好きな（あるいは嫌いな）ことがある。筆者はカラオケが心底嫌いである。学生時代にバンドを組んでいたころ、「おまえのベースは世界一だから歌なんかよりそこでベースを弾いてろ」といわれてリード・ヴォーカルをとらせてもらえなかったこと、そしてその前提となっていた筆者の歌唱力に関する仲間内で広範に受容された暗黙の了解を想起させられることももちろん嫌な理由であるが、そうした年少時の精神的外傷体験といった個人的事情にかかわりなく、さらには、筆者の歌唱によって聴衆が被るに違いない甚大な不快感をも全く顧慮せず、「君の番だからとにかく歌え、歌わないのは我々全体に対する侮辱だぞ」という集団の心理的・物理的圧力を受けることも心底いやである。

もちろん、こうしたもの言いは、カラオケに関する限り全く的をはずれている。筆者の歌唱によって、筆者を含めてその場に居合わせる人々が受ける快楽と苦痛の差引の集計量をうんぬんすることや、筆者が生まれながらにして享有しているはずの歌うか歌わないかに関する自己決定権を持ち出すこと、いわんや筆者の歌唱が純美学的見地からして音楽の神聖性に対する冒瀆にほかならないなどという事実の指摘は、カラオケに参加しない根拠にはそもそもならない。そこで問われているのは、カラオケを順番に歌うことでこの世の不条理性に対する感覚を表明し合い、分かち合う同胞集団へのコミットメントの有無であり、その場の空気によってアドホックに組み換えられうる不文の進行表に書き込まれた順番を守らない人間は、このコミットメントが欠けていることをもって非難されることになる。

そう、筆者がカラオケを嫌いなのは、本当は、筆者にこのコミットメントが欠けている事実が暴露されることへの恐怖のゆえである。その場を取り繕うためには、あたかもコミットメントがあるかのような振りをしつつマイクをとらざるをえない。しかし、聴衆は筆者のいかにも気の乗らない歌いぶりから、筆者における真正なコミットメントの欠如を勘づくのではあるまいか。かといって本当の心情を超えて過剰に演技すれば、その演技性がかえって際立ち、コミットメントの欠如がますますあらわになるおそれがある。「踏み絵」を突きつけられたキリシタンはこうした心境であったに違いない。

世の中には、あるコミットメントをすることで初めて新たな世界が開け、周りのことがらが今までとは違って見えるようになることがある。人生の目標、恋人、友人、職場の選択について新たな決断を下したときがそのようなときである。オクスフォードの法哲学教授であるジョゼフ・ラズは、比較不能性(incommensurability)という概念を軸に、こうしたコミットメントの意義を分析している(ラズ『自由と権利』森際康友編訳、第Ⅳ章(勁草書房、一九九六))。

かけがえのない、他の何ものとも比べられない友情を手に入れるためには、ある友情関係を、そうしたものとみなすことがまず必要である。百万円では友人を裏切れないが、一億円なら裏切るという人は、その友情をかけがえのないものとは考えていない。また、なぜ友情がかけがえがないのか、なぜ他のもの、たとえば金銭と比較してそれほど重要なのかと問う人は、そもそもかけがえのない友情を手にすることができない人である。友情を比較不能とみなす人にとって、友情と他のものとを比較衡量する客観的なものさしは存在しない。そのようなものさしの存在を否定することこそが、かけがえのない友情をとり結ぶ能力を構成することになる。

つまり、あるコミットメントをすること自体が、その観点から世界を意味づける能力を形作る。カラオケを歌うかりそめの同胞集団にコミットすることは、その同胞集団とこの世の不条理性という奥義を共に分かち合う能力をコミットする人に与える。このコミットメントがなされた以上、聴衆の不快感や歌唱の美的レベルなどそもそも顧慮の対象とはなりえない。

同じことが、公共の福祉と対抗しうる人権という観念についても当てはまる。友情をかけがえのないものと考えること自体が、かけがえのない友情をとり結ぶ能力を意味するように、社会全体の利益によっても侵害を正当化しえないような人権を各人が持っていると考えること自体が、あるゆる個人を平等に配慮し尊重する能力を構成することになる。

このような比較不能性を導くコミットメントをしない人は、別に何らかの間違いを犯しているというわけではない。ただ、単にある種の能力の欠如を示しているだけである。なぜ個人の人生はかけがえがないのかと問う人、なぜ友情と金銭とを比較することができないのかと問う人は、単にかけがえのない人生を送ることができず、金銭によって置きかえようのない友情をとり結ぶことができないというだけのことである。彼(女)は「客観的に見て」間違っているわけではない。

カラオケを心の底から楽しむことのできない筆者に欠けているものが何かはすでにお分かりであろう。もっとも筆者は、この能力の欠如をさして悲しんではいない。人生の不条理性を確認し、分かち合う形はさまざまでありうる。カラオケを楽しめない筆者も「客観的に見て」間違っているわけではない。

ただ、筆者と同席しながらカラオケのマイクを握ろうとしない人が、筆者から何らかの同情を期待しても無駄である。その種の人に対して筆者が抱くイメージは、本稿から明らかであろう。筆者を含む同席の人々を覆う共同体に対して、この共同体のメンバーが分かち合う人生の不条理感覚に対して、その人は真剣にコミットすることのできない人である。そのような人に対して、筆者が少しでも同情心を抱くことができるであろうか。

君の番だからとにかく歌え。マイクを握らないなんて我々全体に対する侮辱だぞ、この臆病者。

第三章　信教の自由と政教分離

一　信教の自由

さて、前章で説明したような個人の自律、およびそこから導かれる個人の根源的な平等という考え方は、信教の自由に限らず、自分の人生を自分で切りひらくというにあたいする行為に広くあてはまるはずである。信教の自由が、憲法の保障する権利の中でもとくに重視されるのは、主としてその歴史的な役割に由来している。

個人がその生き方を自ら構想し、それを自ら生きるべきだという考え方は、比較的新しい考え方である。市民革命以前の社会では、人がどのように生きるか、どのような権利と義務を持つかは、それぞれが所属する身分や団体によって決まっていた。つまり「人一般」が存在したわけではなく、貴族や僧侶や農民、職業ごとに区分された商工業者が存在していただけである。人がどの宗教を信仰するかも、基本的にはその国の君主の信仰によって決まる。人の生き方、世界の意味づけは、社会の仕組みによって与えられており、各人が自分で決めるものではなかった。

このような考え方が崩れはじめたきっかけは、さまざまな宗派の対立、とくにカトリックとプロテスタントの対立である。どの宗教が正しい宗教であるかに決着をつけるために血みどろの闘いを続けるよりは、この世にはいろいろな信仰があることを正面から認めてその共存をはかり、お互いの寛容の心を育てることの方が大事だと多くの人々が考えるようになり、その結果、信仰を選ぶのは各個人の良心の問題だという結論が生まれた。さまざまな世界観の違いにもかかわらず、お互いの存在を認めあい、協働して社会生活の便宜にあずかることが、むしろすべての人の利益にかなうことは自然な道理である。もちろん、多様な宗教の共存が可能となるためには、宗教から一定の距離を置いた政府が、ローマ・カトリック教会をはじめとする国外の宗教勢力の干渉を排除して、国内の世俗的権力を統一することが条件となる。

このような方向に踏み出して国家権力の統一をおし進めたのは、各国の絶対主義君主であった。そして、その企てを完成したのは、フランス革命を典型とする市民革命である。フランス革命は、それまでのさまざまな身分や団体とそれに伴う特権を否定して、平等な権利を持つ単一の「国民」を作り上げようとしたが、それはある意味では、国内の封建領主や抗争する宗派の権威を封じ込めて政治権力の集中を達成しようとした絶対主義君主の意図をひきついでいたということができる(1)。

二　個人と団体

今述べたような歴史的な経緯に照らすと、団体の扱い方は、憲法の観点からすると基本的な重要性を持つ問題だということになる。この問題は、通常「法人の人権」という題目で論じられている。

「法人の人権」という場合の「法人」とは、実定法の規定にもとづいて法人格を認められたという法技術的な意味での法人にとどまらず、広く団体一般をも含む意味で用いられている。

この点についても大きく二つの考え方を区別することができる。一つの考え方によると、憲法は団体についても原則として人権を享有することを認めている。団体に人権を認めれば団体の構成員にもその効果が及ぶことになり、結局は個人の人権の保障に役立つし、団体は、社会生活においてその構成員から独立した活動主体として認められていることが多いというのが、その理由づけである。

しかしながら、第一節で述べた歴史的な経緯を見ると、団体に憲法上の権利を保障することは必ずしも個人の人権の保障につながらないことがわかる。人の生き方を決め、世界の意味を決めるのが、各人の所属する団体であるという考え方は、個人の自律という憲法の基本的な考え方と衝突する。団体の権利の保障は、多くの場合、団体の中枢にある幹部の権利を認めることを意味し、必ずしも個々の構成員の権利を保障することを意味しないし、団体の多数派の権利を保障することにさえ必ずしもつながらない。社会生活において独立した主体として活動するために、憲法上の権利がつねに必要となるわけでもない。

もちろん、法人や団体が、憲法上の権利を享有する可能性を全く否定するのは行き過ぎである。たとえば、新聞社や放送局などのマスメディアに自由な表現活動を憲法上保障すると、その結果として、社会全体に情報が豊かにゆきわたることとなり、個人にとって社会生活上も便利であるし、自分の生き方を決める上でも助けになる。宗教活動についても、ある共通の信仰を持つ人々が、集団で宗教上の活動をする自由を保障することが、その信仰の遂行にとって必要不可欠である場合が少なくないであろう。このように、個人の人権保障に役立つ団体の活動、社会全体にとって重要な利益をもたらす団体の活動については、憲法上の保護を与えることが必要となる。

しかし、団体に憲法上の権利を認めるとしても、それは個人の自律に直接由来する強い権利――公共の福祉にさえ対抗しうる、いわば「切り札」として機能する権利――ではないことに注意する必要がある。団体は、それ自体としては、個人と同じように生きることはない。団体が自分で判断することも、世界を自ら意味づけることもない。それは、生身の個人にのみ可能である。

また、このように、社会全体の利益になるからという理由で団体に認められている権利と、個人の自律とが衝突するような状況――たとえば、個人のプライヴァシーとマスメディアの表現の自由とが衝突する状況――でいずれの権利をより保護すべきかは明らかである。(2)

三　政教分離

ところで日本国憲法は、信教の自由との関係から、団体の中でも宗教団体については特別な取扱いが必要だとの立場をとっている。憲法二〇条は、「いかなる宗教団体も、国から特権を受け、又は政治上の権力を行使してはならない」とし(一項)、また「国及びその機関」は「宗教教育その他いかなる宗教的活動もしてはならない」として(三項)、いわゆる政教分離の原則を定めている。「宗教上の組織若しくは団体」への公金支出を禁ずる憲法八九条は、この原則を財政面から裏付けるものである。

信教の自由が保障され、さまざまな宗派の活動への寛容が認められている社会においても、政治と宗教のあり方は多様である。まず、イギリスのように国教会が存在し、国王がその首長とされている国がある。第二に、イタリアやドイツのように主要な教会と国家の独立をみとめつつ、両者の相互関係を処理するために政教条約(concordat)が締結されている国がある。第三が、アメリカ合衆国やフランスを典型とする政教分離を定める国家である。現在の日本は第三の類型に属する。日本国憲法が政教分離の規定を定めている背景には、戦前の日本において神道が事実上国教としての扱いを受け、国民の信教の自由を抑圧した歴史への反省がある。

最高裁は、政教分離の規定について、「国家と宗教との分離を制度として保障し、もって間接的に信教の自由を確保しようとする規定」として説明している(最大判昭和五二・七・一三民集三一巻四号五三三頁〔津地鎮祭訴訟〕)。つまり、信教の自由の保障が本来の目的であり、政教分離はそれを実現するための手段だというわけである。

もっとも、政治と宗教との結びつきを禁ずるといっても、政治と宗教とのかかわりあいを、社会生活のいかなる局面においても一切許さないとすることは現実的ではない。最高裁が指摘するように、「特定宗教と関係のある私立学校に対し一般の私立学校と同様な助成をしたり、文化財である神社、寺院の建築物や仏像等の維持保存のため国が宗教団体に補助金を支出したりすること」が許されないとなれば、「不合理な事態」といわざるをえないであろう。そこで、どの程度のかかわりあいであれば憲法上認められるかが問題となる。アメリカ合衆国の判例は、この問題の判断基準としていわゆるレモン・テストを採用してきた。このテストは、問題となる政府の行為が、①世俗的な目的を有すること、②その第一次的効果が宗教を助長したり抑圧したりするものでないこと、③政府を宗教に過度にかかわらせるものでないこと、という三つの基準に照らして、そのすべてに合致した場合にかぎり政府の行為を合憲とするものである(Lemon v. Kurtzman, 403 U.S. 602 (1971))。

日本の最高裁は、このレモン・テストを参照しつつ、政府の行為の「目的が宗教的意義をもち、その効果が宗教に対する援助、助長、促進又は圧迫、干渉等になるような行為」は、国家と宗教とのかかわりあいが「相当とされる限度を超える」こととなり、政教分離の原則に反するとしてきた(津地鎮祭訴訟)[3]。この基準(目的効果基準)は、具体的に問題となる政府の行為の目的や効果のとらえ方により、厳格にも、また緩やかにも解釈適用される余地のあるものである。市体育館の起工にあたり、市の公金を支出して神道固有の方式に従った地鎮祭を挙行することは、「参列者及び一般人の宗教的関心を特に高めることとなるものとは考えられず」、「これにより神道を援助、助長、促進するような効果をもたらすことになるものとも認められない」とされた(津地鎮祭訴訟)。

これに対して、一九九七年に下されたいわゆる愛媛玉串料訴訟上告審判決では、同様に目的効果基準を前提としつつも、県知事が靖国神社および県護国神社に対し、その例大祭に際し、玉串料・献灯料などの名目で県の公金を支出した行為について、一般人が「玉串料等の奉納を社会的儀礼の一つにすぎないと評価しているとは考えがたいところ」であり、「そうであれば、玉串料等の奉納者においても、それが宗教的意義を有するものであるという意識を大なり小なりもたざるを得ない」とした上で、これらの行為が「一般人に対して、県が当該特定の宗教団体を特別に支援しており」、これらの宗教団体が「特別のものであるとの印象を与え、特定の宗教への関心を呼び起こすものといわざるを得ない」とし、憲法二〇条三項および八九条に違反するとした（最大判平成九・四・二民集五一巻四号一六七三頁）。実際に支出された公金の額はさほど多額なものとはいえないが、その支出が一般人に対してもたらす印象や関心を理由に違憲判断を下したもので注目にあたいする。(4)

四　なぜ政治と宗教を分離するのか

政教分離原則を支える論拠には、いくつかのものが考えられる。いずれの立場を採るかは、宗教や政治に関する基本的な考え方の違いにもよるが、現在の日本の社会における、宗教団体および政治の実態をどのように捉えるかにもよる。

第一に、宗教を非合理的なものとして否定的に捉え、理性的な討議と決定の場としての政治の領域から可能な限り排除すべきだとの立場がある。この立場からすれば、宗教と政治とが結びつくと、理性的であるべき政治を宗教が汚染するがゆえに、両者は厳格に分離されねばならない。宗教団体が政治活動を行うことも厳しく制約されるべきである。政教分離を厳しく貫くと、たとえば学校教育の課程で格闘技を信仰上禁止された生徒に剣道の授業を強制するように、個人の宗教活動に多少の不便が生ずることがあるが、だからといって政教分離を緩やかに考える余地はない。学校教育は、理性的に

政治を討議できる市民を育てる場であり、そこに非合理な宗教を持ち込むことは許されない。(5)

第二に、政治の領域は必ずしも理性的な討議と決定の場ではなく、さまざまな利益や目的を追求する人々が自由に競争し、ときには妥協をはかりながら、それぞれの利益や目的の実現を図る場だとの見方がある。この見方からすれば、宗教にも多様な利益や目的の一種としてその役割が認められることになり、政治権力と宗教との結びつきが禁じられるのは、特定の宗派が権力を独占することで、他の宗派や非宗教的な利益集団の活動が抑圧され、あるいは政治的対立が宗教的情熱との融合により激化することで、健全な政治過程が歪められるような、行き過ぎによる害悪があるからだということになる。政治過程の健全な運営を害さない程度の宗教団体への便宜供与(たとえば税の減免や補助金の交付)は許容されることになるであろうし、政治過程へ十分に代表されえない少数派の信教の自由を保護する措置はむしろ積極的に要請されることになる。(6)

第三に、宗教を、慈善事業の推進や社会生活に必要な道徳の涵養を通じて積極的に公の利益に役立つものとして捉える立場がある。この立場からすると、政治と宗教とが分離されるべきなのは、健全な宗教が政治権力によって腐敗・堕落しないようにするためである。したがって、このような懸念が妥当しない場面では、国家から宗教への便宜供与はむしろ望ましいこととなるだろう。宗教はそもそも社会一般の利益になるものなのだから、そのような有益な活動に対して税の減免や補助金の交付を行うことも当然許されることになる。

五　「信教の自由」対「政教分離」

第三節で述べた通り、判例は、政教分離原則を、信教の自由を間接的に確保する制度としての保障として理解する。しかし、このような定式から予想されるところと異なり、政教分離原則と信教の自由とは、双方を厳格に貫けば衝突する。そして、前節で紹介した立場の違いは、こうした衝突をいかに解決するかの答えに際立った形で現れることになる。

いわゆる日曜日参観訴訟では、礼拝参加のために日曜日の参観授業を欠席した公立小学校の児童が、欠席扱いすることは信教の自由を侵害すると主張して損害賠償を求めた。東京地方裁判所の判決は、宗教行為に参加する児童について出席を免除すると公教育の宗教的中立性を保つ上で望ましくなく、かつ当該児童の公教育の成果を阻害するとの理由から、児童を欠席扱いしても違法とはいえないとした(東京地判昭和六一・三・二〇行集三七巻三号三四七頁)。本件では、信教の自由を主張する個人に課せられる負担は欠席扱いになるというきわめて軽微なものである。日曜日に父兄参観授業を行うこと自体には正当な世俗的目的があり、その効果も宗教を抑圧したり助長したりするものとは認めがたい。第四節で述べたいずれの立場からしても、この事例において原告が勝訴する余地はないと考えられる。

これに対して、エホバの証人の信徒である工業専門学校の学生が、格技を否定する教義に従って剣道の実技の受講を拒否したため、原級留置処分の末、退学処分を受けた事例では、個人の負担は深刻であり、学校としては剣道の授業に代替する措置をとることは比較的容易である。また、剣道の実技に参加することが工業専門学校の教育目的を実現するために必要不可欠であったとは考えにくい。したがって、少なくとも政教分離原則を柔軟に解する立場からすれば、「信仰の核心部分と密接に関連する真しな」理由にもとづいて信徒たる学生が剣道実技の受講を拒否している本件のような場合には、画一的な教育内容の実施からの免除を認めるべきだとの結論が導き出されるであろう。最高裁は、このような考え方から学校の退学処分は裁量権の範囲を超えた違法なものであったと結論づけている(最判平成八・三・八民集五〇巻三号四六九頁)。

最高裁判所の判例は、政教分離原則を必ずしも厳格に解する立場をとっていない。そうである以上、個人の信教の自由と政教分離原則とが対立する場面に限って、同原則を厳格に解釈するならば、不整合との批判を招くことになる。エホバの証人訴訟における最高裁の結論は、自然なものと考えることができる。[7]

六　「自律的な個人」というフィクション

第二節でも述べた通り、団体は人間とは違い、自分で考えていかに生きるかを決め、それを自ら生きることはない。会社や宗教団体のような組織が、あたかも生身の人間と同じように判断したり行動したりするような言い方がされるのは一種の比喩であり、都合のよいフィクションとしてそうした言い方が用いられているにすぎない。

しかし、ひるがえって考えてみると、「自律的な個人」も実はフィクションではないだろうか。自分の置かれた状況をよく見きわめ、考慮すべきことがらを残さず冷静に考え、理性的に判断して答えを出し、それを主体的に実行する個人、これはあるべき理想の個人像である。実際の個人は理想とは異なる。まわりの人々にあわせてその時々で違うことを言ったりしたりする、主体性に欠けた、自分が何をしたくてどう生きたいのかもよくわからないというのが、普通の個人の実感である。職場、学校、家庭など生活の局面ごとに違う自分を使い分けることで、かろうじてバランスをとるのが世間なみの知恵である。閉鎖的なカルト集団に世間が不信を抱くのは、その構成員に、このバランス(をとろうとする意思)が欠けているように思われるからであろう。もちろん、バランスをとろうとする世間の人がより主体的であるわけではない。単にバランスをとらされているだけである。「自律的な個人」も一種のフィクションであり、比喩にすぎないとすると、憲法学は個人をどう扱えばよいのだろうか。

実際が理想からはずれるにしたがって、人を一人前ではない「子ども」として扱うというのが一つの道である。子どもは自分の生き方を自分で決める存在として認められず、保護監督されるべき存在である。子どもは考えが足りないために危ないことを仕出かす。子どもに人権はない。大人としての責任もない。「子どもの権利」だけがある。こうした立場を貫いたとき、大多数の人を子ども扱いする社会へと転がり落ちていく危険は無視できない。

もう一つの道は、あくまで自律的個人という理念に賭ける道である。近代立憲主義が描く制度や考え方は、この前提なくしては意味をなさない。憲法のいう「個人の尊重」は、こうした一人前の、大人としての責任を負う個人の尊重を意味しているはずである。大人が存在しない限り、子どもも存在しえない。

注意しなければならないのは、主体性を欠いた個人が「本当の個人の姿」であるわけではないことである。自分自身をわれわれがどうとらえるかという視点を抜きにした「本当の自分」がそのあたりにゴロリところがっているわけではない。あくまで自律的個人という理念に賭けるとすれば、どのような個人として生きるかも、その人が自分で決めることとなる。逆に、もし個人が主体性を欠き、周囲の期待に合わせて生きる存在にすぎない場合、多くの人が子どもとして生きる社会への転落を避けるためには、個人を大人として扱うことが必要となるであろう。

注

（1）市民革命における政治権力の統一と平等な権利を享有する国民の誕生の相関関係については、樋口陽一『憲法』改訂版二八―三〇頁（創文社、一九九八）参照。

（2）法人にも個人と同様に「人権」を保障すべきだとする説の代表としては、芦部信喜『憲法』新版補訂版八七―八九頁（岩波書店、一九九九）、佐藤幸治『憲法』第三版四二四―四二五頁（青林書院、一九九五）がある。身分制秩序を破壊して平等な人一般を創出した市民革命の意義を重視し、団体を個人と同様に扱うことに慎重な立場を示す議論の典型として、樋口・前掲注（1）一四七―一五六頁および一七六―一七八頁を参照。

（3）後述する愛媛玉串料訴訟最高裁判決に付された可部恒雄裁判官反対意見は、日本の判例が用いる目的効果基準は、レモン・テストと異なり、政府の行為の目的が宗教的意義を持つとともに、その効果が宗教に対する援助、助長、促進または圧迫、干渉等になる場合に限って違憲とされる基準であると主張する。しかしながら、このような目的効果基準の解釈は、最高裁の具体的判例によって裏付けられたものではない。従来、目的基準か効果基準の一方が満たされないことをもって、ある政府の行為が合憲であるとした判例は存在しない。

(4)　本判決は、ある「宗教団体が他の宗教団体とは異なる特別のものであるとの印象を与え、特定の宗教への関心を呼び起こす」か否かを問題としている点で、アメリカ合衆国におけるいわゆるエンドースメント・テスト(endorsement test)を参照したと思われるふしがある(野坂泰司「愛媛玉串料訴訟大法廷判決の意義と問題点」ジュリスト一一一四号三四—三五頁(一九九七))。このテストを提唱した連邦最高裁のオコナー(O'Connor)裁判官によれば、政教分離原則は、政治社会(political community)における個人の立場と信仰とを政府が関連づけることを禁ずるものである。彼女によれば、政府がこの原則に反する場合は大きく二つに分類できる。第一は、政府が宗教団体と過度にかかわり合う場合であり、宗教団体の自律性をそこなったり、宗教団体に特権を与えることで宗派の分岐を政治的対立と関連させる場合がこれにあたる。第二は、政府の行為が、信者に対して彼らが政治社会のインサイダーであり、優遇されているとのメッセージを送り、その反面で、他の者に対して彼がアウトサイダーであり、政治社会の完全なメンバーとはいえないとのメッセージを送る場合である。信仰の有無を基準として逆のメッセージを送る場合も同様である。このような場合、政府は、宗教を是認(endorse)し、あるいは否認(disapprove)していることになる。そして、オコナー裁判官によれば、レモン・テストの内容も、このように理解することで明確化することができる(Lynch v. Donnelly 465 U. S. 668, 687–695 (1984))。

なお、本判決に付された意見において、園部逸夫裁判官は、「宗教団体の主催する恒例の宗教行事のために、当該行事の一環としてその儀式にのっとった形式で奉納される金員は、当該宗教団体を直接の対象とする支出と見るべきである」とし、このような支出は、それ自体として、「宗教上の団体のため公金を支出することを禁じている憲法八九条の規定に違反するもの」であり、そうである以上、それが憲法二〇条三項に違反するか否かを重ねて判断する必要はないとする。本件のような典型的な宗教団体に対する公金の支出に関する限り、複雑な衡量を要する目的効果基準の適用を回避しうる点で、このような判断手法は簡便である。なお、この園部裁判官の判断手法は、憲法八九条にいう「宗教上の組織若しくは団体」を「特定の宗教の信仰、礼拝又は普及等の宗教的活動を行うことを本来の目的とする組織ないし団体」として限定的に理解する判例理論と結びついたものと考えることができる(最判平成五・二・一六民集四七巻三号一六八七頁〔箕面忠魂碑訴訟〕)。このような狭い理解を前提とすると、憲法八九条に違反しない公金の支出も、目的効果基準に照らして憲法二〇条の政教分離原則には違反する可能性が出てくる。逆に、憲法八九条に違反する以上は、それに重ねて憲法二〇条に違反するか否かを判断する必要はない。

(5) このような立場の代表例として、樋口・前掲注(1)二二二—二二四頁を見よ。なお、後述第五節参照。もっとも、「障害」と類比しうるほどに宗教の非合理性が強烈であったとすれば、話は自ずと別になるであろう。たとえば、信仰にもとづいて特定の曜日に労働が禁じられている人々は、「働かない」のではなく、「働けない」のであり、その人々に自己の意思で「働かない」という理由で不利益を課すことはできないこととなる。

(6) 政治過程に関するこのようなとらえ方の典型として、松井茂記『二重の基準論』(有斐閣、一九九四)がある。もっとも、最近の論稿「プロセス的司法審査理論 再論」佐藤幸治先生還暦記念『現代立憲主義と司法権』(青林書院、一九九八)において、松井教授は共和主義の方向へと転換しているようにも見受けられる。この点については、拙稿「憲法典というフェティッシュ」国家学会雑誌一一一巻一一—一二号(一九九八)参照。

(7) 本判決において、最高裁第二小法廷は、剣道実技の履修について代替措置を講ずることが、「その目的において宗教的意義を有」するとはいえないとしたが、一般的に言えば、信仰上の理由による一般国法上の義務からの免除が、世俗的目的を持っているとはいいにくいところがある。エホバの証人事件では、学校側の剣道履修の義務づけ自体が特定の宗教的少数派を狙いうちにした措置であって、代替措置を講ずることがむしろ、そもそものベースラインへの回復をもたらすという特殊事情があったと解することも可能である。このような理解からすれば、本件では厳密にいえば、個人の信教の自由と政教分離とが衝突していたわけではなかったと考えられることになる。

プロムナード その3

私はいかなる党派にも属さない。すべての党派を打倒するのだ。

――サン＝ジュスト

サン＝ジュストが、クーデタで処刑される前日のテルミドール九日、行おうとした演説の冒頭のことばである。筆者は、アルベール・カミュの『反抗的人間』(佐藤朔・白井浩司訳)でこのことばに出会った。原語はJe ne suis d'aucune faction: je les combattrai toutesである。「打倒する」という訳には「戦う」という訳より勢いがある。

カミュは、ルソーの理念の忠実な実現を目指す聖者としてサン＝ジュストを描いている。ルソーの一般意思論からすると、党派や政党の存立を容認する余地はない。国家の内部に「結社」が生まれると一般意思の形成は妨げられる。「この場合、人の数と同じ投票者は存在せず、結社と同数の投票者が存在するのみである」とルソーはいう。そして「結社のうちの一つが他の結社を圧倒するほど大きくなれば」「もはや一般意思は存在せず、支配するのは一つの特殊意思のみとなる」(『社会契約論』二篇三章)。

部分利益の獲得を求める結社が圧倒的な力を持てば、民主政の下でその結社の利益のみが実現されるという話はわかりやすい。民主政では多数決でことが決まる。圧倒的な力を持つ結社が存在しなくとも、各結社がそれぞれの特殊利益を目指して行動すれば、多数決によって実現されるのはやはり複数の特殊利益の抗争と妥協の結果にすぎない。

もっとも、ルソーの議論はそれ以上のことを意味していたと解する余地がある。たとえ、各結社が社会全体の客観的利益の実現を目指したとしても、やはり結社の存在は一般意思の形成を妨げる。「この場合、人の数と同じ投票者は存在せず、結社と同数の投票者が存在するのみ」だから。これに対して、十分な情報を与えられた「市民が相互に連絡をとることなく」、つまり結社を作らないで多数決をすれば、「その結果つねに一般意思が導かれ、決議はつねに正しい」(『社会契約論』二篇三章)。

しかし、結社が生まれて実質的な投票者の数が減ると、なぜ一般意思の形成が妨げられるのだろうか。また、そもそも、多数決はなぜ正しい一般意思を生み出すといえるのだろうか。多数決の結果は、多数が少数を支配するだけではないのか。グロフマンとフェルドは、コンドルセの定理がこの謎を解く鍵になると主張する(Grofman & Feld, Rousseau's General Will: A Condorcetian Perspective, *American Political Science Review*, vol. 82, no. 2 (1988))。

数学者のコンドルセは、山岳派と敵対したために告発され、逃亡の末自殺に追い込まれたジロンド派の政治家でもある。コンドルセの定理とは以下のような内容を持つ。ある集団のメンバーが二つの選択肢のうち正しい方を選ぶ確率が平均して二分の一より大きく、かつ各メンバーが独立に投票するならば、その集団が多数決によって正しい答えに達する確率はメンバーの数が増すにつれて増大し、極限的には1に近づく。もしメンバーが正しい答えを選ぶ確率が平均して二分の一未満であれば、メンバーの数が増大するにつれて、多数決が正しい答えを導く確率は0に近づく。壺の中の黒球と白球のうち黒球の数が白球より多ければ、壺の中からサンプルとして摑み出す球の数が多いほど、サンプルの中で黒球が白球より多い確率は高くなる。コンドルセの定理はこれと似た単純な話である。

政策に関する二つの選択肢のうち一方が正しいとき、ランダムに選んだとしても正しい選択をする確率は二分の一であるから、十分に情報を与えられた市民が平均して二分の一を超える確率で正しく選択するという想定はさほど突飛ではない。そうであれば、独立に判断し投票する市民の数が増すにつれて、多数決が正しい決議を生み出す確率は1に近づくであろう(政策選択がこれほど単純であればの話だが)。

他方、結社の投票規律によって実質的な投票者の数が減れば、多数決が正しい決議を生み出す確率はそれだけ減少する。政党や党派がたとえ社会正義の実現を目指す「正しい」人々の集まりであったとしても、投票規律によってメンバーの独自の判断や行動が遮断されれば一般意思の形成は妨げられる。ルソーの理論に忠実であろうとしたサン＝ジュストが、あらゆる党派の打倒を唱導するのも頷ける。この考え方からすれば、政党を結成する自由は決して認められるべきではないし、各市民は自主独立にそれぞれの政策の是非を判断すべきであり、○○党がそういっているるから賛成(反対)するなどという態度は共和政そのものに対する反逆行為にほかならない。

もっとも、実際の世界では、党派の存在しない政治生活は考えにくい。政党はさまざまな点でコストの節約に役立つ。政党は、多様な政策のパッケージを一貫したイデオロギーで正統化し、社会に広く伝達する。そして、その政策パッケージを支持する利益団体からの資金や票をとりまとめ、必要とする政治家に分配する。政治家は政党に所属することで自分の支持する政策を広く社会に周知させることができる。議員は所属する政党の政策パッケージを支持したからこそ資金と票を得て当選したのであるから、所属する党の投票規律に服して一体として行動するのは自然である。政党が政治過程における実際上の行動単位なのであれば、政治過程に影響力を行使しようとする利益団体は、政党に対して働きかけようとするであろう。一般市民は、四六時中政治に関心を集中するわけにはいかない。普通の人間にとって、政治以外にも大事なことはいろいろある。政党を大雑把な目印にして市民が政治家を識別しようとすることを反共和主義的だと非難することは、真面目な態度ではあるかもしれないが、実際的ではない。

党派の発生は、さらに深いレベルにその原因があるかも知れない。生の意味、社会の意味、世界の意味について根底的に異なる考え方を持つ複数のグループが存在するとき、社会全体の利益が何かについて、彼らの間にはそもそも共通のものさしが欠如している可能性がある。多数派と根底的に異なる世界観を持つ少数派にとって、コンドルセの定理にもとづく多数決の正当化は、悪質な冗談としか思えないであろう。

テルミドール九日の演説でのサン＝ジュストの目的は、国民公会における激烈な党派対立の融和をはかることであった。しかし、反山岳派の議事妨害に会ってサン＝ジュストは演説を中止し、翌日彼の「属する」山岳派の有力議員とともにギロチンで処刑されるまで沈黙を続ける。国民公会の弾劾が非党派的な審議と議決の結果なのであれば、彼の処刑は正しいはずである。他方、それが公会内部の党派抗争に敗れた結果であれば、すべての党派の打倒をもくろむ彼の理論そのものが敗北したことを意味する。

彼の理論か彼自身の少なくともいずれかは処刑されるべきだったのであろう。

第四章 「二重の基準論」と司法権の役割

一 「二重の基準論」の内容

表現の自由をはじめとする精神的自由権は、経済的自由権に比べて優越的地位(preferred position)を占め、それを制約する立法の合憲性審査には、より厳格な審査基準が用いられるべきであるとするいわゆる「二重の基準(double standard)論」は、憲法学説において広く支持されている。

標準的な理論によれば、表現の自由を制限する立法は、まず、事前抑制、過度の広範性および法令の不明確性など、文面判断のアプローチが妥当する問題領域とそれ以外の領域に区別され、後者は、さらに表現内容にもとづく制約と表現の時、所、方法に関する内容中立的な制約とに区別される。

表現内容にもとづく制約については、わいせつ物、せん動、名誉毀損など定義づけ衡量(たとえば何が「わいせつ物」にあたるかの定義づけを通じて、厚い保護にあたいしない表現活動を利益衡量によって画定する手法)が妥当するいくつかの問題領域を除くと、立法目的が「やむにやまれぬ利益(compelling interest)」であることと、立法手段が立法目的に沿って厳密に設定(narrowly tailored)されたものであることを、政府の側が立証することが求められる。わいせつとまでは言えない品位に欠ける表現の規制や特定の政治的立場をとる主張のみを制約する法令が表現内容にもとづく制約の例である。

他方、内容中立的な制約については、特定の表現内容に対する攻撃や差別が意図されておらず、他に同じ内容の表現を行う余地が残されていることから、立法目的が重要であり、かつ「より制限的でない他の選びうる手段(less restrictive alternative: LRA)」が存在しないことを政府が立証すれば、違憲とは判断されない。一定の時・所・方法に関する表現活動の制約は、内容中立的な制約である。

判例も、小売商業調整特別措置法判決(最大判昭和四七・一一・二二刑集二六巻九号五八六頁)や薬事法距離制限規定違憲判決(最大判昭和五〇・四・三〇民集二九巻四号五七二頁)などにおいて、一般論として二重の基準論を受け入れている。もっとも、判例は表現活動に対する規制のかなりの部分を占める内容中立的規制の審査について、立法目的と立法手段との抽象的な関連性のみを求める「合理的関連性」の基準を適用することが多く、二重の基準論が十分に具体化されているとはいいがたいといわれる(1)。

二　民主的政治過程論

二重の基準論を支える根拠としてしばしば挙げられるのは、代表民主政の過程と関連づける議論である。これは、アメリカ合衆国で一九三八年に下されたカロリーヌ判決(United States v. Carolene Products Co., 304 U.S. 144 (1938))に付されたストーン裁判官の脚注4で示されたもので、彼は、そこで

「望ましくない立法の廃止をもたらすと通常期待される政治過程を制約する立法」や、特定の宗教や少数民族を対象とする立法など少数派に対する社会的偏見のために「通常、少数派の拠り所とされる政治過程の機能が阻害される」場合には、経済的自由を制約する立法よりも厳しい審査がなされる可能性を示唆した。

つまり、表現の自由や選挙の公正が十分に確保され、民主政の過程が健全に維持されている限り、経済活動など他の自由に対する不当な制約に対しては、民主的政治過程を通じてそれを是正することが可能であるが、表現の自由が侵害された場合には、民主政の過程そのものが傷つけられるため議会による矯正は困難となる。したがって、そうした場合には、政治過程から独立した裁判所による積極的な介入が要請されるという議論である。社会的偏見の対象となっている少数派への差別立法についても、民主的政治過程による修正は困難と考えられるため、司法の積極的な権利保護が要請される。

民主的政治過程は、国民の権利保護と公益実現をはかる本来の経路である。政治部門が解決しうる問題に司法部が介入するならば、政治部門に向かうべき市民の参加をかえって阻害するだけでなく、長期的で広い視野に立った根本的社会改革や専門技術的な立法政策の当否など、裁判所の制度枠組みや能力に適合しない諸問題をも抱え込むことになりかねない。したがって、裁判所は民主的政治過程自体がそこなわれる危険のある場合に限って厳格な違憲審査を行うべきであり、それ以外の問題については政治部門への謙譲を保つべきであるという考え方が、こうした議論の前提となっている。

以上で描いたような民主的政治過程論によれば、表現の自由の制約立法に対する厳格な審査と経済的自由に関する緩やかな審査とを矛盾なく説明することが可能となるし、また、なぜ有権者に対してきわめて限られた政治責任しか負わない司法部が、民主的正統性の基盤を有する政治部門の決定を覆すことが許されるのかという問題をも巧みに解決することができるかに見える。この議論が二重の基準論の根拠として広く支持されてきたことには、それ相応の理由があるといえる。

三　司法消極主義と積極主義

しかし、このような議論はいくつかの問題点につきあたる。それについて説明するためには、議論の対象を拡大して、司法消極主義および司法積極主義という司法部門の正当な役割に関する広範な論点をも視野に入れる必要がある。司法消極主義あるいは司法積極主義という概念は、政治部門の判断を司法部がどのように取り扱うかに着目したもので、司法部が政治部門の判断を尊重し謙譲を示して審査する場合は、消極主義と形容され、逆の場合には積極主義と称される。

ところで、この司法消極主義あるいは司法積極主義というものの言い方は、司法部の側に、積極的または消極的に、審査権限を行使する裁量の幅が存することを含意している。つまり、いかに違憲審査権を行使するかを、その時々の司法部が、独自の政策的判断にもとづいて決定する事態が想定されている。そうだとすれば、少なくとも積極的な審査権の行使は、民主的正統性の観点から疑義を呈されることは避けがたいであろうし、消極的な審査権の行使は、当該論点について積極的審査を求める政治勢力からは、その時々の政治的多数派への屈従であるとの批判を招くこととなろう。

この種の批判は、司法部もまた、その政治的選好にもとづいて政治部門の選択を、あるときは積極的に覆し、あるときは消極的にそれに屈従・黙認しているという前提にもとづくものであるから、批判を回避するための戦略としてまず考えられるのは、司法部はその政治的選好にもとづいてその裁量を行使しているわけではないとする応答である。先に述べた、司法部がいかなる場合に政治部門の決定を厳格に審査すべきかに関するいわゆる「二重の基準」の理論といわれるものも、本来は、司法部がその政治的選好にもとづいて精神的自由権など優越的自由が関わる領域とそれ以外との領域で二通りの基準を使い分けているのではないか(積極主義と消極主義の二枚舌を使っているのではないか)という批判に応答するために、司法審査の本来の役割からすればこのような審査のあり方は首尾一貫しており、したがって、厳密にいえば「二重の基準」が使い分けられているわけではないことを論証する側面を持っている。

日本の憲法理論が大きな影響を被っているアメリカ合衆国の歴史的経験も、このような見方を裏付ける。二〇世紀のアメリカ合衆国において、司法審査の守備範囲が、とりわけ民主主義的正統性を有する政治部門との関連で激しく議論されたのは、契約の自由や財産権など経済的自由権を制約する立法が多く作られたニューディール期における連邦最高裁の態度についてであった。ニューディール立法に対して違憲判断を下した当時の最高裁を、ニューディールを擁護する人々は、裁判官達の個人的な保守的価値判断にもとづいて、それまでのコモン・ロー上認められていた契約の自由や財産権を、憲法上保護された権利として認定し、国民の意見を反映する議会の政策的選択の幅を限定しようとしたものとして批判を加えた。そこには、裁判官達がその個人的価値判断にもとづいて、社会改良を目指す議会の民主的決定を妨害することは許されないとの前提がある。契約の自由や財産権は、民主的議会も侵害しえない客観的自然法として保障されているものではない。逆に言えば、司法部による違憲審査権の行使のあり方は、裁判官独自の主観的価値判断に依拠しない、客観的な基準によって定められねばならない。なにがそのような客観的基準となりうるであろうか。

従来、提示されてきた考え方のうち、主なものは次の三つである。これら三種の考え方は、アメリカのみならず、日本においても、司法審査と民主主義との緊張関係を解決する方策としてしばしば呼び出される。第一は、原典主義(textualism)あるいはその変種としての原意主義(originalism)である。つまり、憲法典の条文がそう定めている以上、あるいは、憲法制定者の意思がこれこれである以上、裁判官はそれにしたがって違憲審査権を行使するほかないという考え方である(2)。第二は、司法審査権は民主的政治過程を維持しあるいはその足りない部分を補強するためにのみ行使しうるのであり、この範囲内で行使されるならば、司法審査が民主主義と衝突することはありえず、むしろそれと調和するという考え方である。前述した民主的政治過程論がこれにあたる。第三は、たとえ民主的正統性の点をおくとしても、専門的技術的知識を保有しない司法部は、それを有する政治部門による決定を尊重すべきであるという考え方である。日本における例としては、酒類販売免許制を合憲とした最判平成四・一二・一五民集四六巻九号二八二九頁に付された園部逸夫裁判官の補足意見がこうした考え方を典型的に示している(3)。

しかし、これら標準的な議論はいずれも、司法審査を厄介な価値判断から解放するものではない。第一の原典主義から見ていこう。代表的な原典主義者であったアメリカ連邦最高裁のブラック裁判官(Hugo Black)は、修正一条が「言論(speech)」の自由を縮減する法律は制定しえないと述べている以上、言論活動はすべて絶対的に保護されると主張したが、その一方でわいせつ表現や名誉毀損にあたる言論が制約されることは容認した。これらは、憲法典にいう「言論」に該当しないという理由からである。しかし、これでは「言論」という文言をいかに定義するかというレベルに結局、実質的価値判断が忍び込むことになる。

憲法制定者の意思にしたがって司法審査をなすべきであるとする原意主義も同様の問題につきあたる。修正一四条を採択した当時の憲法制定者にとって人種別学制度は当然許容されるべきものであったが[4]、少なくともブラウン判決(Brown v. Board of Education, 347 U. S. 483 (1954))以降のアメリカ合衆国で、このような解釈を受け入れることは困難である。このため、原意主義者としては、人種別学も憲法違反となるという結論と両立しうるレベルまで、修正一四条に示された憲法制定者の意思を抽象化して理解する必要に迫られる。つまり、結局のところ、いかなる抽象のレベルで憲法制定者の意思を理解するかという選択に、実質的価値判断が忍び込むことになる。さらに、そもそも、民主主義を真剣に受け止める立場からすれば、何十年、何百年も前に死んでしまった制定者の意思になぜ現在の国民が服従することが正当化されるのかという疑義にも答える必要がある。自分達の意思に従えと制定者達が言っているからという循環論法がここで役に立たないことは明白である。

第二の、民主的政治過程を維持ないし補強するためにのみ司法審査権は行使しうるとの議論も、実質的価値判断から免れるわけではない。「民主的政治過程」という概念も一義的なものではなく、いかなる民主政をいかに保障すべきかが決まらない限り、この理論枠組みの下での正当な司法審査の活動範囲も決まらないからである。そして、いかなる民主政が保障されるべきかが、実質的価値判断抜きで結論づけられるとの想定は空想的である。価値判断から逃避するために、民主政が産出する法令等の「結果」の妥当性を問題としない「手続的」な政治過程へとこの概念を純化していけばいくほど、なぜそうした空虚な手続をわざわざ保障する必要があるのかという疑問が強まることになる。

かりに、憲法の定める民主政とは多数決であらゆる政治問題を解決することを是認する民主政ではなく、多数決によっても侵害しえない権利をあらゆる人に保障する民主政であるとすれば[5]、多数決によっても侵害しえない権利の内容は、それ自体は政治部門での多数決によっては決定しえないはずであり、裁判所の判断にまたざるをえない。

また、民主的政治過程論によると、厳格な司法審査が要求される問題領域が狭く限定されすぎるおそれもある。たとえば、個人のプライヴァシーの保護に関する権利は、民主政の過程と直接の関連はなく、緩やかな審査で足りる問題となりそうである。また、表現活動の中でも、政治的内容を持つ言論は民主政の過程に貢献する活動として厚い保護にあたいするであろうが、芸術的表現については、民主政への貢献はせいぜい間接的であり、経済的自由を超える厚い保護にあたいするか否か疑わしい。もちろん、この種の表現活動をどこまで保護すべきかは政治部門の広い裁量に任されるべきだという立場もありうるが、それが憲法の構造から当然に導かれるわけではない。また、このような立場が現代の民主社会で多くの人々に受け入れられるとは考えにくく、そうした立場をあえて主張するためには、それ相応の実質的論拠が要求されるであろう。

第三の、司法部に専門的技術的知識が欠けていることをもって、司法審査の範囲を限定しようとする議論も、十全なものではない。

かりに、司法部に専門的技術的知識が欠けているとしても、それだけでは、専門的技術的知識を備えていると主張する立法府や行政府の判断を尊重すべきだという結論は導かれない。立法府や行政府に、その専門的技術的知識にもとづいて、なぜ彼らの下した結論が妥当であるかを裁判所において主張・立証させ、その当否を裁判官が判断すれば足りる(不明の場合は立証責任による)との方法も考えられるからである。

他方、立法府や行政府の提示する専門的技術的知識にもとづく論証が妥当か否かさえ、司法部には判断する能力が欠けているのだとすると、そもそも、立法府や行政府が適切な専門的技術的知識にもとづいて妥当な判断を下すはずであるという一般的判断も、司法部は下しえないはずである。つまり、立法府や行政府の有する専門的技術的知識を理由に、司法部がこれらの部門に広い裁量を認めるべき資格も、司法部には欠けていることになる。

実際のところ、たとえば通信規制の領域について、専門的技術的知識を有しているはずのアメリカ連邦通信委員会が長年にわたって行ってきたこと(AT＆Tの独占の促進と維持)と裁判所が行ったこと（AT&Tの分割と他事業者との回線接続の強制）とを比較した場合、いずれがこの領域におけるアメリカ社会の公益につながったかについて答えることは容易ではない。独占禁止という狭い領域に限って遂行された裁判所のイニシァティヴが、通信料金の全般的な低下とサービスの多様化を導いたという見方も成り立ちうる。(6)

結局のところ、司法部に専門的技術的知識が欠けていることをもって、立法府や行政府の裁量を帰結する議論は、見かけほど説得的なものではない。

四　むすび

裁判所が、その時々の裁判官の政治的選好にもとづいて司法審査権をあるいは積極的に、あるいは消極的に行使する姿は、明らかに好ましい司法審査のあり方とはいえない。しかし、前節で説明したとおり、あらゆる実質的価値判断を離れて、司法審査の守備範囲を定める指針が入手できるわけではない。このことを、われわれは素直に認めるべきであろう。実質的価値判断から逃避する算段は放棄し、司法審査の守備範囲を定める実質的価値判断として何が相応しいか、日常的な政治過程によっては左右されるべきでない社会のより根底にあるべき価値はなにかを、正面から議論する必要がある。

たとえば、個人の自律を保障するための限られた権利については、たとえ民主的政治過程の維持に直接は寄与しないとしても、厚い保護を与えるべきであるとの議論がその例である。自分の人生を自ら構想し、決定し、それを自ら生きることは、人が自己の生に意味を与えるために必要不可欠であり、それを否定する国家の活動は、たとえそれが公益を実現するための民主的決定を執行するものであったとしても、なお許容しえない。たとえば、特定の宗教や思想を、それが他者に及ぼす害悪を理由としてではなく、それが誤った宗教や思想であるとの理由で抑圧し、検閲する国家の活動は、その宗教や思想の支持者を、他の個人と同等に理性的に自らの人生を自ら選び生きることのできる個人としてみなしておらず、個人の根本的な平等性を否定するものである。現代の民主社会は、相互に相いれない世界観や人生観を持つ人々が、それにもかかわらず共同生活の便宜を享有する社会である。今述べた意味での個人の根本的平等性が尊重されることは、このような社会で個人が生きるための最低限の権利といえる。

他方、「司法消極主義」ないし「司法積極主義」という概念は、あらゆる実質的価値判断は、その時々のさまざまな利益集団の政治的選好の表れに過ぎず、司法審査のあり方に関わる議論も、その種の議論にすぎないとする見方を誘発するおそれがある。このような見方は、司法審査の守備範囲に関する議論を、袋小路に導くことになる。誤解を避けるためには、「司法消極主義」あるいは「司法積極主義」という言い方自体を回避すべきであろう。

注

(1)　芦部信喜『憲法判例を読む』一一一―一二二頁(岩波書店、一九八七)。ただし、表現活動に関する内容中立規制については、いわゆるオブライエン・テスト、すなわち、①政府の規制が重要な政府の規制を促進するものであり、②表現の自由に対する付随的制約が当該政府利益の促進に必要な限度を超えないこと、を政府の側が立証すべきだとの審査基準が、最近のアメリカの判例法理においては受け入れられている(United States v. O'Brien, 391 U. S. 367 (1968))。オブライエン・テストは緩やかな審査基準としてしか適用しえないとして批判されることがあるが、アメリカ最高裁の判例としてもこの基準が定着している以上、このテストをいかに厳格な形で適用していくかを議論する方が生産的とも考えられる。

(2) この潮流は、ミスリーディングにも「解釈主義(interpretivism)」と呼ばれることがある(マイケル・ペリィ『憲法・裁判所・人権』芦部信喜監訳一四―一五頁(東京大学出版会、一九八七)参照)。なぜ、ミスリーディングかといえば、「解釈 interpretation」とは、そもそもテクストを参照するだけではその意味が理解できない場合に行われる作業だからである。この点については、拙稿「制定法の解釈と立法者意思」山口俊夫先生古稀記念『現代ヨーロッパ法の展望』(東京大学出版会、一九九八)参照。

(3) 拙稿「最高裁判所民事判例研究――酒税法の定める酒類販売免許制度が憲法二二条一項に違反しないとされた事例」法学協会雑誌一一一巻九号一四一七頁以下参照。

(4) ペリィ・前掲注(2)九五頁。

(5) 芦部信喜『演習憲法〔新版〕』二八〇―二八三頁(有斐閣、一九八八)。

(6) Cf. Gerald Brock, *Telecommunication Policy for the Information Age* (Harvard University Press, 1994); Peter Huber, *Law and Disorder in Cyberspace* (Oxford University Press, 1997).

〔参考文献案内〕

本テーマに関連する文献は枚挙にいとまがない。本文および注掲記のもののほか、近年における以下のものを挙げるにとどめる。松井茂記『司法審査と民主主義』(有斐閣、一九九一)、同『二重の基準論』(有斐閣、一九九四)、阪口正二郎「立憲主義と民主主義」法律時報七〇巻一号(一九九八)以下。原意主義については、土井真一「憲法解釈における憲法制定者意思の意義(1)―(4)」法学論叢一三一巻一号以下(一九九二)、野坂泰司「テクストと意図」芦部信喜先生古稀祝賀『現代立憲主義の展開』下(有斐閣、一九九三)参照。

筆者の見解は、拙著『権力への懐疑』第五章(日本評論社、一九九一)、拙稿「政治過程としての違憲審査」ジュリスト一〇三七号(一九九四)、「政治取引のバザールと司法審査」法律時報六七巻四号(一九九五)、「司法審査と民主主義の正当性」法律時報六九巻六号(一九九七)、「憲法典というフェティッシュ」国家学会雑誌一一一巻一一―一二号(一九九八)等に示されている。

なお、本章第二節は、以下の文献に大きく示唆を受けている。Ronald Dworkin, *A Matter of Principle*, ch. 2 (Harvard University Press, 1985); Martin Shapiro, *Who Guards the Guardians?* (University of Georgia Press, 1988); Louis Michael Seidman & Mark V. Tushnet, *Remnants of Belief* (Oxford University Press, 1996).

〔補　論〕

本文で論じた通り、司法積極主義および司法消極主義という概念は、司法審査のあるべき姿を描くためにはさして役立たないと思われる。しかし、規範論としてはさして役立たないとしても、司法審査の現状や可能な司法審査のありようを「記述」するための概念としてはなお有用であるかも知れない。裁判所が政治部門の判断を尊重し、それに謙譲を示しつつ違憲審査権をはじめとする司法部の権限を行使する場合とそうでない場合とは、裁判所の現実の対応の問題として区別しうるように思われる。規範論としてはともかく、現実に裁判所が法解釈にあたって、あるときは政治部門の判断を尊重し、あるときはそうしないという政策的判断を下すことは、ありうることであろう。

しかし、こうした使い方をする場合でも、何が「積極主義」であり、何が「消極主義」にあたるかを判断するには注意が必要である。一般には、議会制定法を憲法に違反すると裁判所が宣言する場合、とくに法令として違憲と宣言する場合が司法積極主義にあたり、憲法に照らしつつ制定法を解釈するが、それを違憲とはしない手法は司法消極主義にあたると考えられている。さらに、憲法問題にそもそも触れることなく、制定法の解釈のみによって事件を処理することが消極主義にあたることは当然のことと考えられている。こうした見方の前提には、議会制定法に関する裁判所の解釈に議会が同意しない場合は、議会は新たな立法を行うことによってそれを容易に変更しうるのに対し、裁判所の憲法解釈は憲法改正を通じてでなければ変更しえないという、きわめて常識的な観念が控えている。しかしながら、以下で見るように制定法を違憲無効とする場合と、その意味を解釈によって変更する場合とで、いずれが政治部門の判断を尊重することとなるかは簡単には答えの出ない問題である。

エスクリッジとフェアジョンの考案した「第一篇第七節ゲーム」を通じて、この問題を考えてみよう(William N. Eskridge, Jr. and John Ferejohn, The Article I, Section 7 Game, 80 *Geo. L. J.* 523–564 (1992); cf. Jerry L. Mashaw, *Greed, Chaos, and Governance*, 101–105 (Yale University Press, 1997))。アメリカ合衆国では、連邦レベルの法律は、上下両院と大統領の三者がある特定の法案について一致して同意した場合に成立する(合衆国憲法第一篇第七節)。いいかえれば、三者のいずれもが拒否権を持っており、いずれかが拒否権を発動すれば、新たな法律は成立しない。その場合は、「現状(status quo)」が維持されることになる。今、ある立法事項について、三者の立場を左右のイデオロギー線上に並べると、図のようになるとしよう(以下の議論は、左右の対立軸だけではなく、たとえば、環境保護と国内産業の競争力および雇用の保護のいずれをとるか、表現の自由と公序維持のいずれをとるかなど、さまざまな対立軸について拡張可能である)。

左　Q　I_2 P C_1　C　S　I_1 H　右

Qは現状を意味しており、S、H、Pがそれぞれ上院(Senat)、下院(House)、大統領(President)の立場を示す。成立した法律は三者の妥協(compromise)の結果としてCに位置しているとする。この法律を裁判所が解釈したところ、三者のいずれの意図とも異なり、I_1あるいはI_2として解釈されたとしよう。それぞれの場合、連邦議会と大統領とはこの裁判所の解釈を覆すことができるであろうか。かりに、I_1のように、解釈が三者の立場の枠内に収まっている場合、新たな立法を通じてこの解釈を覆すことは極めて困難である。なぜなら、新たな解釈がそもそもの妥協点Cよりも自らの立場に近いことを知った機関(図の場合は、下院)は、新立法に対して拒否権を発動するはずだからである。これに対して、I_2のように、裁判所の解釈が三者の立場の外側に位置する場合、三者は一致してこの解釈を新立法によってそもそもの妥協点(C)に近づけようとするであろう。しかし、図のような場合、かりに新たな立法(C_1)が大統領(P)から見てI_2との距離以上にCに近づくことは、大統領は拒否するであろう。したがって、精々成立しうるのは図のように、I_2とC_1とがPから見て等距離であるような妥協である。

このゲームが示しているのは、次のようなことである。第一に、アメリカのように立法機関が三者によって構成されている場合には、強い現状維持の圧力が働く。三者がすべて一致しない限り、現状は変更されない。こうした複合的な立法機関の構成が法的安定性に仕えることは、モンテスキューが『法の精神』においてイングランド議会の構成についてすでに指摘したことがらである。

第二に、裁判所の解釈は、立法の出発点となる「現状」を変更する。裁判所の解釈がいったん下されると、それを変更することが三者すべてに有利であり、かつ、それぞれに有利である限度ではじめて新たな立法が成立する。これに対して、裁判所が問題の法律を法令として違憲であると宣言した場合はどうであろうか。この場合、そもそもの現状(Q)が回復され、議会および大統領はそもそもの出発点から新たな妥協点を探ることが可能となる。いずれが、立法機関をより強く拘束することになるかは、したがって、簡単には結論の出ない問題である。図の場合でいえば、裁判所の違憲判決がC_1よりさらに左よりの立法でない限り憲法違反になると宣言した場合にのみ、違憲判決の方がより拘束的であり、つまり司法積極主義的であることになる。多くの場合、違憲判決は当該立法の目的の正当性および目的と手段の関連性の有無を理由とするものであるから、立法目的と手段とを構成しなおして、最初の妥協点(C)に近い法律を新たに制定することはさして困難とはいえないであろう。

日本の場合、アメリカと異なり、立法機関は両議院と大統領の三者によって構成されているわけではない。しかし、内閣およびその下で成立可能性のある法案の大部分を作成する官僚機構が、実質的にはアメリカの大統領に匹敵する拒否権を有していると考えることはさほど突飛とはいえないであろう。また、日本の参議院は比較制度的に見て、第二院としては相当に強力な拒否権を有している（憲法五九条二項参照）。そうであれば、両議院と政府の三者間にある程度の政策の相違が存在する場合、やはり現状維持の圧力が働くことになるであろうし、成立した法律に裁判所が立法者意思とは異なる解釈を加えた場合、それを新たな「現状」として立法ゲームが改めて開始されることになる。

また、類似した戦略的状況は、内閣提出法案について関連する官庁すべてのコンセンサスが要求され、しかも各官庁の立場が（それぞれ異なる利益集団をクライエントとしているために）異なる場合についても成立する。こうした場合、裁判所による独自の法律解釈を政府による新たな立法活動によって修正することは困難となろう。

従来の日本の憲法学は、制定法を違憲と判断することが司法積極主義であり、そうしないことが司法消極主義であるという「分かりやすい」区別を受け入れてきたが、この区別が、果して政治部門の判断への司法部の謙譲と正確に対応しているか否かは、実はなお精査を要することになる。日本の裁判所は、ほとんど制定法を違憲と判断することなく、したがって「司法積極主義」との非難を受けることなく、しかし制定法を最高裁判所の有権解釈権を通じて読み替えることで、積極的に政治部門の判断を変更し、しかもそれを「現状」として固定化してきた可能性がある。記述的概念としても、司法積極主義と消極主義は、取り扱いに注意を要することになる。そして、そうである以上、違憲判断に積極的であるか否かという論点に絞って民主主義的正当性と司法権との整合性を論ずることが果して適切か否かについても、改めて検討を要することがわかる。

プロムナード その4

参謀：何千もの日本のミサイルが本土を発進し、合衆国を目指して巡航中です！　アメリカ軍はとても抑えきれません。

大統領：なんてことだ。どうしてかね？

参謀：日本製は安くて正確で故障しませんからね。アメリカ製よりはるかにモノがいいんです。

大統領：うぅむ、こうなったら輸入割当交渉がまとまるまで、税関で抑えるしかないな。

——『アレックス』('Alex' は Daily Telegraph で連載中)

規制を緩和すべきだという声がさかんである。規制を緩和すれば緊急の経済対策になるといういささか怪しげな議論もないではないが、より広く受け入れられている議論は、現在の規制の相当の部分が既存の事業者を保護するための市場参入ないし競争制限規制として働いており、その結果、既存の事業者はその独占ないし寡占的地位にもとづくレント(準地代)を得る一方、適切な資源配分が行われない結果、消費者の利益はもちろん社会全体の厚生も低下しているというものであろう。この議論は、現代の民主的政治過程がどのように動くかについての以下のような一定の想定と結びついている。

民主政治では国民が主人公であるといわれるが、実際に有権者が政治過程に参加するのは、数年に一度の選挙の際にほぼ限られる。日常的には中央省庁の官僚や政権政党の議員をはじめとする一部の「エリート」が国政を掌握しており、それに対してさまざまな利益団体が影響力を行使する形で政治は動いていく。ところで、経済活動を規制するいろいろな法制度の中には、本当に社会全体のために利益となる規制もあれば、社会全体のためになるというのは名目ばかりで、実際には一部の業界や団体の利益に仕える規制もある。このうち、実際に法制度として成立し、運用される見込みの高いのはどちらであろうか。

本当に社会全体の利益となる規制であれば、その利益は個々の有権者にはきわめて薄くしか及ばない。したがって、個々の有権者としては自らその立法のために努力しようというインセンティヴが生まれにくく、誰か他の人々がその立法のために努力してくれて、それにただ乗りすればいいいと考えがちとなる。他方、一部の業界や団体のみの利益に仕える規制であれば、それらの業界や団体には当該立法をおしすすめようとするインセンティヴが生まれるであろう。実際に制度化される規制の多くは一部の業界や団体の利益をはかるものとなる蓋然性が高い。

最高裁判所の判例理論の中に、積極目的―消極目的二分論といわれるものがある。これは、経済活動を規制する法律のうち、それが特定の社会的・経済的利益を実現するための積極的目的を持つ立法であれば、具体的にとられている立法手段が目的と見合っているかを厳格に審査することはせず(その結果ほとんど合憲となる)、他方、それが国民の生命・健康の安全に危険をおよぼすおそれのある活動を規制するような消極的目的を持つ立法であれば、具体的にとられている立法手段が目的と見合っているかを厳格に審査するというものである。この判例理論は、あたかも国民の生命・健康の保持のような社会全体の利益の実現を、特定の社会経済目的の実現よりも困難にしようとするものであるようにも見え、学界でも評判はあまり芳しくない。

しかしながら、実際に生み出される経済規制の多くが特定の業界や団体の利益をはかる、つまり積極目的に属するものであり、また民主的政治過程がそもそもそうした立法を自然に生み出す本性を有するのであれば、裁判所の違憲審査の任務もそれに応じた限定的なものであるべきだという見方も成り立ちうる。裁判所としてできることは、一部の業界や団体の利益が、あたかも社会全体の利益に役立つ消極目的の立法であるかのように装われ、不明瞭な審議の下で法制化されるのを抑制することである。このような違憲審査が行われれば、経済規制立法の本当の(利益誘導的な)立法目的が明らかとなり、改めて透明で公正な形でさまざまな利害の調整と妥協がはかられることになる。議会の役目は、経済活動規制に関する限りは、そうしたものにとどまる。

他方、当初から特定の業界や団体の利益を促進する目的で立法が提案され、制度化されたのであれば、裁判所としてそれにあえて異論を唱えるべき理由は見いだしにくい。その制度がたとえ違憲とされ、排除されたとしても、その一つ前の制度が維持されるだけのことであり、その制度はやはり特定の業界や団体の利益を維持していた蓋然性が高いからである。何らの規制もない更地の自然状態では経済活動なるものそれ自体が想定しがたい。そして、現存の業界の利害で汚れた規制を取り除いたとき、現れる制度はやはりそれ以前の利害調整の産物であって、それが当時の業界の利害で汚れていないわけではない。

もし、日本の最高裁が以上で述べたようなシニカルな考え方をとっているとすれば、なぜ最高裁が経済規制立法の違憲審査について一見したところ不思議な二分論を適用するかを、ある程度まで説明することができる。ところで、市場への参入と競争を制限するための規制は経済活動の分野に限ったことではない。政治活動の分野でも、選挙区制や選挙運動規制という形で同じメカニズムが働いているはずである。ここでは既存の事業者とは既存の大政党あるいは政権政党であり、より広くとれば現在の国会議員である。そして憲法は選挙制度について定める権限を国会に与えている(憲法四七条)。彼らが自分自身の職業利益に関する限りは不当な参入制限や競争制限をせず、社会全体の利益をはかると期待するのはあまり賢明な態度とはいえない。

同じことは、裁判をはじめとする法律サービスの分野についてもいえるであろう。裁判官の活動は、裁判官たちの職業的利益にかなっているはずである。うっかり判決を書くはめに陥ろうものなら、苦労して書き上げた末に上級審でひっくり返され、おまけに上司ににらまれないとも限らない。首尾よく和解で落とすことができれば、当事者が本当に納得したかはともかく、事件が処理できて自分の成績はあがる。

それとも、裁判官だけは自分たちの利益を省みず、当事者や社会全体の利益をはかるものなのだろうか。そうでないとすれば、なぜ法律学者は最高裁をはじめとする裁判所に、社会全体の利益をはかる裁判をぬけぬけと要求できるのか。おそらく、法律学者は裁判官を知的に篭絡できると考えるほど自分の法学教育に自信のあるおめでたい人間か、あるいはそのように装うことが自分たちの職業利益にかなうと考えていることになろう。

ところで規制を緩和せよと説く人々は、一体誰の利益をはかっているのだろうか。

第五章　主権概念を超えて？

主権概念が政治制度のあり方についてもちうる意義については、見解が分かれている。主権概念は、憲法解釈論上の意義をほとんど持たない、あるいは持たせるべきでないという立場もあれば、ほとんどあらゆる制度のあり方を指導することができるという立場もある。このような、主権概念の位置づけの違いは、なにに起因するものであろうか。以下では、まず、主権概念を生んだヨーロッパの状況との関連で、伝統的に主権がどのように性格づけられてきたかを述べ、憲法制度のあり方を考える上でこの概念がもちうる意義と、この概念のさまざまな構成の仕方について検討する。

一　伝統的な主権概念

キリスト教西洋社会全体が、皇帝の権力と教皇の権威の普遍性と至高性を承認していた中世初期には、各国における主権が問題となる余地はなかった。それが議論の対象となるのは、一三世紀にはいって皇帝の権威が衰え、各国の君主が独自の支配権を主張し、「国王はその国においては皇帝である(Le roi est empereur en son royaume)」との新たな正統性原理が登場したことによる。国王は、皇帝および教皇の権力・権威を否定して対外的な独立性を主張する一方、「わが封臣の封臣はわが封臣にあらず(Le vassal de mon vassal n'est pas mon vassal)」という格言に代表される封建的な主従関係をつきくずして、国内での支配権を統一しようとした。具体的には、裁判権、立法権、貨幣発行権、課税権、外交権などについて、国内の他の諸権力に対する優越性が標榜された。さらに、当初は、個別具体の権限として把握されていた国王の諸権限は、ボダンにより、自由に法を定立する、国家の絶対にして永続的な権力として統一的に把握されることとなった。(1) 宗教戦争の混乱の中で、暴君による平和は「真の宗教」を求める無政府状態にまさるという認識が生まれたことが、その背景にあるといわれる。国家の命令を、その内容上の正当性にさかのぼることなく、それが国家の命令だからという理由にもとづいて受入れ、服従することで、はじめて異なる宗派の信者が共存しうる基盤が出現する。(2)

もっとも、国家権力を内容上の正当性の問題から切り離すことで、多様な宗派間の平和を確保するというこの戦略は、ボダンの場合、徹底してはいなかった。ボダンのいう主権者は、神法および自然法の制約の下にあり、臣民の服従義務も、主権者の定める法が神法および自然法に反しない限りで妥当するものであった。神法および自然法のため、君主は臣民の同意なくして課税することはできず、また他国の君主や臣民との約束にも、君主は拘束される。また、君主は王位継承法など、彼の権限の基礎となる国の基本法に違背することもできない。つまり、主権者がなしうるのは、このような制約の範囲内で、臣民に対し、その同意なくして一般的な法を定立することにとどまる。(3) しかも、ボダンは、当時の各国の制度を検討した上で、異論の余地なくこのような意味での主権者と言いうるのは、フランス国王のみであるとする。

さらに、ボダンによると、主権者に服従する臣民は、さまざまな階級および中間団体の成員に区分されており、それぞれに固有の特権と義務を有するものと考えられていた。その限りで、国内の政治的統一は、なお完全には果たされていなかったことになる。絶対君主の歴史的役割は、国内の中間団体を徹底的に破壊し、国内の政治権力を集中するとともに、その反面において平等な権利を有する単一の国民を析出しようとしたフランス革命に受け継がれていくことになる。(4)

ボダンの描く、内容上の制約を受けた主権者像に対して、ホッブズやルソーは、主権の無制約性をより強調する。ホッブズによれば、最高の立法権者である主権者は、いかなる法であってもそれが不都合であれば廃止することができる。また、主権者が自らを拘束することもありえない。「拘束することのできる者は解き放つこともできる以上、自分自身によってのみ拘束される者は、拘束されてはいない」からである。(5) 国家を設立し、主権者に主権を与える契約(社会契約)は、主権者と人民との間の契約ではなく、人民相互の契約にすぎないから、主権者が社会契約に違反したことを理由に人民が服従義務をまぬかれることもありえない。(6) ホッブズは、ピューリタン革命期のイギリスを念頭に置いて彼の主権理論を構築したことに留意すべきである。主権の具体的な行使が、国民の同意を条件としているとすれば、教皇など国外の勢力は、一部の国民の同意がないことを口実に、君主の権限に異議を唱えることが可能となる。ホッブズの狙いの一つは、この可能性を断ち切ることにあった。(7)

社会契約に参加する全市民が主権者であるとしたルソーの場合、ホッブズと異なり、各市民は、自分を含む主権者(全市民)と契約をかわすことになるが、そうして構成された主権の範囲に限界がないことを強調する点では、ホッブズと同様である。ルソーによれば、「主権者自らがそれに違反しえない法を自分自身に課すことは、政治体の本性に反する」[8]。主権者によっても「廃棄しえない国の基本法は存在しない。社会契約でさえ廃棄することができる」[9]。定期的に開催される全市民の集会は、政府の形態そのものを含めて、政治体制を根本的に再検討することができる。全市民を公平に規律の対象とし、一般利益の実現を目指すという条件の他は、主権者の立法権限に制約はなく、また全市民の意思(一般意思)としてしか主権者の意思は発現しない以上、それは不可分である。一部の市民のみの意思は、定義上、部分意思でしかありえず、一般意思ではありえない[10]。

主権が、社会全体の利益を目指す一般意思の発現でなければならないとする限りで、ルソーの言う主権は内容上の制約を前提としていたと見ることもできる。たしかにそれは、その実現を目指すべき理念であるとは言えるであろう。問題は、次節で述べるように、それが日々の権力の行使に対する実効的な制約と言えるか否かである。

二　選挙民の主権

最高・不可分・無制約の主権という観念は、硬性の憲法典によって政府の組織と権限を枠づけ、個人に不可侵の人権を保障するという立憲主義の思想と、簡単には折り合いがつかない。主権が本当に無制約であれば、硬性の憲法典によって、しかも何世代も前の憲法制定者の思想にもとづいて主権を枠付けること自体、そもそも不可能ではないかとの疑問が生ずるはずである。ハイエクによれば、

「少なくともジョン・ロック以降の立憲主義のすべての歴史は、実証主義的な主権理論およびそれと連携した全能の国家という考え方に対する闘争の歴史である」[11]。たしかに、ルソーにしろホッブズにしろ、憲法典による権力の分立や人権保障という理念について、好意的な論者ではなかった。主権概念は、立憲主義と果して整合しうるであろうか。

国民、具体的には選挙民が主権者であるという議論はどうであろうか。これは、ルソーの議論からの自然な帰結である。自分たちがその制定に同意した法律のみにしたがって、国家権力が行使されるならば、人々は自然状態におけると同様に、国家の下でも自由でありつづけるというのが、『社会契約論』におけるルソーの基本的な構想であった[12]。この構想通りにことが運べば、国家の下でも人々の生来の自由は保障され、しかも社会全体の利益も実現されることになりそうである。それは、近代立憲主義の理念にも適合するであろう。君主に統治権が集中していた時代に、国家の主権と国家における主権が君主の主権として一体化されていたように、統治権が国民にある場合でも、それは国民自身が行使すべきものである。

しかしながら、この構想を現代の大規模な国民国家において実現することには数々の困難がある。そこでは、有権者が直接に統治権を行使することは不可能であり、日々の政治権力の行使は、政府に委託せざるをえない。たとえ、政府が、選挙民の意思を反映した国政運営を行うべきだとの建前が採られたとしても、実際に、選挙民が政府の行動をコントロールすることは困難である。国会議員をはじめとする政治家は、選挙のたびに有権者から政治責任を問われるといわれることがあるが、国会議員の活動の代表的な生産物である法律でさえ、それを一々読んだ上で投票に向かう選挙民は稀であろう。自分の投ずる一票によって選挙の結果が変動する蓋然性が無に等しい以上、そうした努力をすることは合理的とはいえない。かりに法律の文面を読んだとしても、一般市民にとってそれが理解可能かという問題もある。また、たとえ選挙民によるコントロールが可能だとしても、選挙民が、社会全体の利益ではなく、部分的で私的な利益のみにもとづいて行動する蓋然性は否定できない。このことは、もちろん政府を支える議員や官僚についてもあてはまる。さらには、社会の多数派の意見によって少数派の基本的な権利が侵害される危険もある。最高・不可分・無制約の主権が、部分的な利益によって簒奪される危険や多数派による少数派迫害の危険に、選挙民主権者論がいかに対処しうるかは、容易には答えを得られそうもない問題である。もっとも、この問題の解決可能性は、社会内の利害の対立の程度、そして社会と政府との利害対立の蓋然性に依存する。この点に着目する一つの回答は、第四節で描く杉原泰雄教授の議論に見いだすことができる。

三　無制約な主権と憲法制定権力

無制約の主権概念がはらむ危険を回避しながら、それを立憲主義と接合する一つの方法は、主権を憲法制定前の憲法制定権力(pouvoir constituant)とみなすことである。

憲法制定権力は無制約であるが、いったん憲法が制定され、諸機関が組織されると、それらの「制定された権力(pouvoirs constitués)」は、憲法によって授権された権限のみを、定められた手続に従って行使しうるにとどまる。[13] これら、制定された権力の中には、主権そのものを行使しうるものは存在しない。憲法改正権でさえ、制定された手続に従い、制定された限界の範囲内で、憲法典を改正しうるにとどまる。

憲法典の妥当性を疑わない立場から見れば、もはや無制約の主権が登場する余地はない。主権は、憲法典の外側に封印されている。もし、それが登場しうるとすれば、それは既存の憲法の妥当性を前提とせず、憲法をいわば外側から見る立場からのみである。この立場からは、主権は、限られた射程と妥当性しか持ちえない憲法典を、何の制約もなく矯正し、あるいは破壊し、再構築する力として立ち現れることになる。しかし、魔法使いの弟子の寓話が示すように、いったん呼び出された主権が、呼び出した者のコントロールに従う保証はない。

樋口陽一教授が、主権を憲法制定権力として捉えつつ、いったん集権的国民国家によって人権主体としての個人の解放が強行され、憲法典にもとづく権力の運用が確立された後には、そのような主権はもはや凍結されているはずであり、憲法内在的には、「正統性」の根拠としてのみ語りうるとするのも、以上のような考え方を前提としているとすると、その趣旨をよく了解しうる。[14] ここには、憲法に内在する視点と憲法を外から見る視点との交錯がある。無制約な主権を語りうるのは、後者のみである。

このように、凍結された、そして凍結しなければならないほど危険な魔力のある概念であれば、「人権」など、もっと他の概念や理論を用いて憲法解釈上の問題の処理にあたるべきだとの方向が生ずるはずである。もっとも、他方では、主権という概念を無毒化し、飼い馴らして、憲法内在的に使用しうる安全なものに転換する議論の方向も考えられる。

四　歴史に拘束された主権

杉原泰雄教授の主権理論では、そのような無毒化の方向が図られているかに見える。教授は、憲法制定権力は、法外の現象であり、主権をそのような制憲権と同一視するのは、実定憲法上、主権者たる国民に国家意思の最高の決定権を具体的に確保することを不要とし、その結果として国民を主権者たる地位から追放することを可能とするとして批判する。(15) 主権原理は、あくまで国家権力の法的帰属の問題である。そして、教授の理論では、人民、具体的には選挙民を主権者とする直接民主政の正当性とその将来における実現可能性が、社会・経済的な構造の分析にもとづいて提唱されている。もっとも、そこで言われている主権は、憲法典を突き破る無制約の恐るべき力ではない。たとえば、教授の提唱する、ルソーを淵源とする人民主権論からすれば、当然是認されるはずの法律制定に関する人民投票でさえ、国会を「唯一の立法機関」とする憲法の制約のため、日本国憲法下での解釈論としては許されないと説かれる。(16)

もっとも、このような主権概念の無毒化が可能なのは、教授の理論において、根本的な政治体制の決定が、歴史に委ねられているからだと解釈する余地がある。主権のあり方は、一定の生産力の発展段階に対応した一定の生産関係を反映する上部構造として、基本的に規定されており、そもそも魔術的な力をふるう余地は、最初から奪われている。人民主権の政治体制が実現するのは、それに即した生産力の発展段階に社会が到達し、それに応じて、人々の考え方が部分的な階級意識から解放され、人々が全体の利益にもとづいて考え、行動するようになったときである。それまでは、その社会の発展段階に応じた憲法の拘束の下で、可能な限りで、歴史の発展方向に即した理論を構築するしかない。このように、主権概念の出番も台詞も歴史の発展法則が規定している以上、主権がアドリブを行う危険性はない。

逆に言えば、この杉原教授の基本的なプログラムに同意しえない者にとっては、簡単に、主権概念を安全な解釈論上の道具として取り扱うことはできないはずである。たとえば、辻村みよ子教授は、史的唯物論は杉原教授のプログラムに固有のものであり、人民主権論一般が前提するものではないと指摘するが、(17) だとすれば、人民主権という観念を解釈論上用いることには、さらに細心の注意が要求されることになるであろう。

五　主権よりも民主主義？

主権の問題よりも、すでに憲法が存在する以上、それによって構成される統治システムのあり方に関心を向けるべきだとする最近の議論として、松井茂記教授のそれがある。(18) 松井教授によると、日本では、「政府権力の由来・正当性の根拠の問題」として主権の所在が議論の中心となった結果、「憲法がどのような統治のシステムを求めているかという統治の組織原理、構成原理」としての「民主主義」の問題が、日本の憲法学説においては欠落していた。そして、日本国憲法に強い影響を与えたアメリカ合衆国で、「主権」ではなく「民主主義」が具体的な解釈論と強く結びついた形で議論されていることから、日本国憲法の解釈論においても、政府の権限行使のシステムのあり方を論ずる上で、「主権」の代わりに「民主主義」を用いることが提唱される。

いかなる概念を鍵として議論を進めるかは、かなりの程度まで各論者の選択の問題である。もし主権概念がその危険性のゆえに凍結されるべきだとすれば、それに代えて公共政策の決定に関する有権者の参加のあり方や、裁判所の介入の範囲を定める上で助けとなる別の概念が用意されるべきかも知れない。実際、司法審査の守備範囲や準則を画定する場面では、日本においても、従来から主権ではなく民主的政治過程の概念が主要な役割を演じてきたと思われる(19)。

松井教授が示唆するように、日本の民主主義が、多様な利益集団が互いに抗争し、妥協しながら、各自の利益を実現しようとする体制なのだとすれば、一元的で不可分・最高の主権概念は、このような現実を覆いかくす美辞麗句としての役割しか果たさないであろう。実際には、国家権力は、社会全体の公益を一元的に表明するものではなく、社会内部の多元的な私的利益による操作の対象にすぎない(20)。我々に必要なのは、このような民主主義のあり方が必然なのか、それをよりよいものに変えていくことは可能か、そのために司法審査はなにをなしうるか、というより具体的な問題だということになるのかも知れない。

しかしながら、主権の代わりに導入される民主主義の概念に、主権と同様の危険が伴っていないかという点には、注意を払う必要がある。松井教授の紹介する民主政の共和主義的解釈の主唱者であるブルース・アッカーマン教授は、アメリカでは通常は、多元的な利益配分政治が行われているものの、主権者たる国民が自ら語る歴史的転換期には、憲法の根本原則そのものが変動し、違憲審査制度も、最終的にはその変動をとどめえないことを指摘している。このような共和主義的民主政は、アッカーマンによれば、憲法改正に限界を置く現在のドイツと異なり、国民による憲法原則の変更に限界を認めず、またニューディール期の転換が示しているように、その変更に際して、正式の憲法改正手続をとることさえ必ずしも要求しない。このような民主主義の解釈が、無制約な主権概念と同様の危険性をはらむことは、容易にみてとることができる(21)。

他方、フランスにおける主権論や代表制論が、社会内部における私的利益のせめぎあいや公益の形成過程の問題に目をつぶっていたともいいにくい(22)。それは、むしろ、革命期以降の主権論および代表制論の主要な課題であったと見ることもできる。異なる概念枠組みの下で、実は同様の問題が語られてきた可能性にも留意する必要がある。

六　功利主義の主権理論

近代立憲主義と整合しうる主権理論のもう一つの例として、功利主義哲学者であるベンサムの議論がある。ベンサムは、あらゆる国家には、唯一、不可分で無制約な主権的立法者が存在するという伝統的な理論を提唱するブラクストンを批判して、以下のように論ずる(23)。

まず、ベンサムによれば、政府の統治権の基礎は人民の服従の慣習にある。一定の領域において、人々がある個人あるいは団体の意思につねに服従するとき(しかも、その個人あるいは団体が誰にも服従していないとき)、その個人あるいは団体が、その領域の主権者である。人々が主権者に従うのは、それが人々の共通の利益にかなうからである。社会生活が成り立つためには、中身はともあれとにかく何かに決まっていてくれなければ困る事柄がたくさんある。交通ルールが定められ、車は左と決まってはじめて安全な交通秩序が維持され、手形の振出や流通に関するルールが定められてはじめて安心して手形の取引ができるようになる。社会生活に必要なさまざまなルールを設定してくれる人が誰かに決まってくれれば、すべての人にとって好都合である。主権は、人々が自分たちの共通の利益を理由に、特定の人々(政府)の設定したルール(実定法)に従うようになることから生まれる。(24)

主権の根拠が自分の利益にかなう限りで主権者に従おうとする人々の服従の慣習にある以上、主権も無制約ではなく、人々の服従の慣習という社会的事実によって制約される。基本権が明確に保障されている体制では、人々はそれを侵害する政府の命令には従おうとしないはずである。また、連邦国家では、人々は一定の事項については中央政府に、他の事項については地方政府に服従する傾向を有する。さらに、ヨーロッパ連合のような超国家組織が存在する場合、人々は一定の事項については、この組織の設定したルールに従おうとするであろう。つまり、主権は不可分でもない。各主権者に残るのは、各事項についての最高の決定権のみである。

以上のような説明の枠組みからすれば、主権の立脚する正当化根拠は、結局は人々の共通の利益、憲法学の用語でいえば「公共の福祉」に帰着する。そして、主権は、自らの利益に従って行動する人々の、事実上の服従の慣習によって形成され、かつ限界づけられる。このような、主権の概念は、さらに、公共の福祉という根拠がどこまで政府の強制力の行使を正当化しうるかという観点から実質的に限界づけられることになるはずである。たとえば、個人の自律的な生き方を保障する「切り札」としての権利は、たとえそれを侵害することが社会全体としての公共の福祉を促進するとしてもなお、侵害が許されないとの立場からすると[25]、「主権」によって切り札としての権利への侵害を正当化しえないことは明らかである。

また、憲法が定めるさまざまな権力分立のシステムが、個人の人権の保障と、長期的な公共の福祉の確保のために定められているものである以上、公共の福祉の実現をその任務とする主権がこれらのシステムを破壊しえないこともやはり当然の帰結となる。主権が国民にあるという文字通りには実現不可能な原則も、統治権が国民の福祉の実現のために行使されるよう、有権者がそれを監視し、コントロールする仕組みの具体化を要請するものとして理解されることとなろう。「主権」を、このように、そもそも根拠と射程において限定された概念と捉える限り、それが魔力を振るう余地も大幅に縮減される。そして、その場合、「主権」に関する議論は、個人の人権、公共の福祉、権力の分立、政治の民主的統制など、個別のより扱いやすい憲法学上の諸問題に還元されることになる。

七　主権概念の解体と解消

唯一、不可分、最高で無制約の主権という概念は、それ自体としては、何らの正当化も必要としない、自足的なものであり、またそうでなければならない。第六節の検討からもわかるように、主権概念の必要性と正当性とを、他の実質的な論拠によって基礎づけようとすれば、当然のことながら、その実質的な論拠によって、主権の射程は限定され、もはや無制約の権力ではありえなくなるし、自分以外のものに正当化根拠を求めなければならない以上、それは究極の権威でもありえない。唯一不可分であるか否かも、論理必然に答えの出る問題ではなくなる。近世ヨーロッパの宗教的対立の中では、内容上の制約のない主権が、多元的な宗派の共存を可能にする働きをしたことは、前に述べた通りである。特に君主主権の課題を引き継いだ国民主権は、近代立憲主義の成立過程において、平等な権利を享有する国民からなる、統一された国家をつくりあげる上で、大きな貢献をしたことを忘れてはならない[26]。

しかし、すでに憲法典によって権限が配分され、基本権が保障されている国家で、法律問題を解決する決め手として、主権概念が呼び出されるとき、それがそれ以上の正当化を要しない、絶対的な根拠として用いられる危険性に注意しなければならない。もし、そうではなく、実質的な何らかの正当化の論拠を背後に備えた「主権」が呼び出されているのだとすれば、実は主権概念を呼び出す必要はそもそも無かったはずである。たとえば、杉原泰雄教授の提唱する人民主権論は、前述の経済的歴史法則主義を取り去ってみれば、有権者の一般意思の集計によって国政を運営する直接民主政の正当性とその実現可能性の問題に還元することができるであろうし、それは、さらに、市場を通じては適切に供給されえない公共財を、いかなるメカニズムを通じて供給するかという、統治システムの構成の問題に行き着く(27)。

また、絶対無制約の主権概念が、そもそも一定の歴史的状況の中で、固有の役割をになって現れたことからすれば、それが現代という歴史的状況において立憲主義の発展に適合的な概念であるか否かを再検討する余地もある。第二次大戦後の西ヨーロッパは、超大国とりわけアメリカ合衆国の圧倒的な政治的・軍事的影響力の下に置かれ、外交および防衛に関する各国の統治権は事実上、大きく制約されてきたが、その中で、各国はそれまでにはない政治的な安定、経済的発展、そして国民の福祉と権利を実現することができた。民族主義が国政を左右し、各国が国家の無制約の主権を標榜した二〇世紀前半、この地域が二度のきわめて悲惨な戦争を引き起こしたことと比べれば、アメリカ合衆国の政治的・軍事的プレゼンスがヨーロッパ諸国民にとって不幸なことであったと言えるか否かは疑問である(28)。国境を超えて広がる民族間の対立や環境汚染の問題に、各国がその統治権の枠内でなしうる対応に、限界があることにも留意する必要がある。むしろ、各国内での文化的民族的集団への広範な自治の承認や、ヨーロッパ連合のような超国家組織への権限の委譲が、問題を解決する方策となるとも考えられる。

国家に従うべきなのは、そうすることでわれわれの目指す目的がよりよく達成されるからである。

もし、国家以外の機関に従うことが、われわれの目的の実現を容易にするのであれば、われわれは国家ではなく、他の機関に従うべきである。そのような便利な機関が存在しないのであれば、自分自身の判断に帰っていくほかはない(29)。

注

(1) J. Bodin, *Les six livres de la république*, livre 1, ch. 8 (1576). この自由な立法権は他のすべての諸権限をも含意するものと考えられた(ibid., livre 2, ch. 1)。

(2) 佐々木毅『主権・抵抗権・寛容』一一〇—一一三頁(岩波書店、一九七三)、ハロルド・ラスキ(渡辺保男訳)「主権の基礎」辻清明編『バジョット・ラスキ・マッキーヴァー』三六六—三七〇頁(中央公論社、一九八〇)。ボダンの主権論を論ずる佐々木教授のことばを借りるならば、「全ての価値に優越するものとして安全価値を選択した」という権力の「質的転換こそが宗教戦争の渦中から国家の救済を可能にした」ことになる(佐々木・前掲一一三頁)。ボダンの主権論について同様の点を指摘するものとして、Stephen Holmes, *Passions and Constraint: On the Theory of Liberal Democracy*, pp. 120–123 (University of Chicago Press, 1995)を参照。

(3) スティーブン・ホームズは、ボダンの描く主権者へのさまざまな法的拘束は、実は主権の実効性を増すためのものであったと主張する(supra note 2, ch. 4)。国王の支配下にあるはずの各身分の同意をとりつけることは、租税の徴収や制定法の執行をより実効的なものとするはずであるし、つねに言を左右にし約束を守ろうとしない国王は信頼を失い、実効的な統治能力を喪失するおそれがある。強力な国家の創設によって地上の平和を確立しようとするボダンの構想は、したがって、主権者へのさまざまな法的拘束と必ずしも矛盾しないと理解されることになる。
（4）樋口陽一『憲法』改訂版二八―三〇頁、一〇五―一〇六頁（創文社、一九九八）。
（5）『リヴァイアサン』第二部第二六章。
（6）『リヴァイアサン』第二部第一八章。
（7）ラスキ・前掲注（2）三七〇頁。
（8）『社会契約論』第一篇第七章。
（9）『社会契約論』第三篇第一八章。
（10）『社会契約論』第二篇第一章。ルソーの場合、社会契約による国家の設立は、人を野蛮で未開の状態から理性を備えた人間へと生まれ変わらせるできごとであった（『社会契約論』第一篇第八章）。この劇的な経験の可能性は、すべての世代に開かれているべきであり、したがって、すべての世代に社会契約の根本的な再検討を行う余地が残されていなければならないことになる（cf. Stephen Holmes, supra note 2, pp. 147–148）。
（11）F. A. Hayek, *Law, Legislation and Liberty*, vol. 2, p. 61 (University of Chicago Press, 1976).
（12）『社会契約論』第一篇第六章。
（13）清宮四郎『権力分立の研究』二二五―二二七頁、二三二頁（有斐閣、一九六〇）。
（14）樋口陽一『近代立憲主義と現代国家』第二部補論第一節（勁草書房、一九七三）。改正権と区別された制憲権概念は不必要かつ有害とする菅野喜八郎教授も、この立場に近いと思われる（菅野喜八郎『国権の限界問題』二〇六頁以下（木鐸社、一九七八））。
（15）杉原泰雄『国民主権の研究』第四章（岩波書店、一九七一）。
（16）杉原泰雄『憲法Ⅱ』二二一頁（有斐閣、一九八九）。
（17）辻村みよ子「主権論の今日的意義と課題」杉原泰雄教授退官記念論文集『主権と自由の現代的課題』五〇

—五一頁(勁草書房、一九九四)。

(18) 松井茂記「国民主権原理と憲法学」『岩波講座社会科学の方法第VI巻 社会変動のなかの法』(岩波書店、一九九三)。

(19) 本書第四章および拙著『権力への懐疑』第五章(日本評論社、一九九一)参照。

(20) 主権概念が、支配階層の私的利益を正当化するイデオロギーとして機能する点は、初期の多元論者であったラスキが強調したところでもある(ラスキ・前掲注(2)三七六頁)。

(21) Bruce Ackerman, *We the People*, vol. 1, *Foundations* (Harvard University Press, 1991). なお、拙稿「政治過程としての違憲審査」ジュリスト一〇三七号(一九九四)参照。

(22) たとえば、高橋和之『国民内閣制の理念と運用』二二三—二二七頁(有斐閣、一九九四)で整理されているデュヴェルジェの議論を見よ。さらに、同書第VIII章は、フランスにおいて、主権論が民主政論の中に包摂されていった過程を紹介する。

(23) 拙著・前掲注(19)第二章参照。ベンサムは、主権についてその生涯の中で考え方を変えている。ここで紹介するのは、初期にとられていた彼の立場である。

(24) 法を主権者の命令として捉える立場は、H・L・A・ハートによる厳しい批判を浴びたが、ハートが批判の対象としているのは、オースティンの単純化された主権理論であり、より洗練されたベンサムの理論と、ハートの法理論とを比較した場合、簡単にハートの議論の方がすぐれているとはいいにくいところがある。この点については、拙著・前掲注(19)第二章第四節参照。

(25) 拙稿「国家権力の限界と人権」樋口陽一編『講座憲法学第三巻 権利の保障(1)』五六—六〇頁(日本評論社、一九九四)参照。

(26) 樋口陽一『近代憲法学にとっての論理と価値』第二章第二節I(日本評論社、一九九四)。樋口教授は、

「憲法史の一定の段階――君主主権と国民主権の対抗が課題となっている段階――で、国民主権が『解放のための魔力』として決定的な役割を果たす」ことを強調し(九五頁)、敗戦時での主権原理の転換が有した意義を指摘する。

(27)　拙著・前掲注(19)第四章参照。

(28)　Bruce Ackerman, *The Future of Liberal Revolution*, pp. 36-37 (Yale University Press, 1992).

(29)　拙稿「国家権力の正当性とその限界」岩村正彦他編『岩波講座現代の法1　現代国家と法』(岩波書店、一九九七)。

〔参考文献案内〕

注で触れた参考文献については、各注およびそれに対応する本文での説明を見よ。主要な文献としては、注で掲記のもののほか、以下のものが挙げられる。主権概念の歴史的展開については、前掲注(2)掲記のラスキの論考が犀利な分析を示す。戦後の日本の主権論議については、後掲の小林直樹教授の論文が包括的に論ずるほか、岡田信弘氏の論考が手際のよい概観を与える。後掲の高見論文は、主権概念を出発点とする議論の仕方そのものの意義に疑念を提示する。長尾龍一『リヴァイアサン』は、ケルゼン、シュミット、ホッブズを主な素材として国家概念を論ずる。主権概念の相対化を含めた現代的諸問題については、後掲・樋口陽一編『講座憲法学第二巻　主権と国際社会』所収の山内敏弘、江橋崇、石川健治各氏による論考を参照されたい。

芦部信喜『憲法制定権力』(東京大学出版会、一九八三)
岡田信弘「主権論の五〇年」法律時報六六巻一二号(一九九四)
小林直樹「戦後日本の主権論(上)(下)」国家学会雑誌一〇四巻九―一二号(一九九一)
高見勝利「主権論――その魔力からの解放」法学教室六九号(一九八六)

長尾龍一『リヴァイアサン』(講談社学術文庫、一九九四)
樋口陽一編『講座憲法学第二巻　主権と国際社会』(日本評論社、一九九四)

プロムナード その5

ヒロシマか本土侵攻かという二者択一は、あまりにも硬直的で真実味に欠ける。

――タミ・デイヴィス・ビドゥル

ある制度や決定に従うべきか否かを判断する基準には、大きくわけて二通りのものがある。一つはその生まれが由緒正しいか否かを問い、いま一つはその内容が正しいか否かを問題にする。定められた手続により衆参両院の議決を経て制定された法律だからそれに従うべきだという議論は前者の例であり、社会全体の利益をよく勘案したすぐれた法律だからそれに従うべきだという議論は後者に関わる。両者は独立の問題で、生まれの正しくない制度でも内容は立派で従うべきであることも少なくない(逆もまたしかり)。ここでは前者を「正統性」の問題とよび、後者を「正当性」の問題と呼ぶことにしよう。

日本国憲法についても、正当性のみならずその正統性がしばしば議論される。日本国憲法の正統性、つまり生まれの由緒正しさに関する支配的な学説は「八月革命説」といわれるもので、日本政府がポツダム宣言を受諾した一九四五年八月に日本の主権は天皇から国民に移動し、それにともなって大日本帝国憲法はその内容において根底的に変動した(国民主権原理と矛盾する部分は効力を失った)とする。つまり、ポツダム宣言受諾の時点で日本の政治制度の正統性は一度断絶した。そして、「革命」後の大日本帝国憲法はすでに国民主権にもとづくものであるから、その憲法の改正手続を経て現在の日本国憲法が生み出されたことには正統性が認められることになる。

この議論の特徴は、ポツダム宣言が日本の政治体制の国民主権への即時の転換を要求していたと主張するのみならず、そのような革命的要求を行うポツダム宣言の正統性を所与の前提とする点にある。ところで、ポツダム宣言についても正統性のみならずその正当性を問題にすることができる。日本の政治体制の根本的変革を要求すること、およびその前提として「無条件降伏」を要求することは果して正当であろうか。不当な要求であったが受諾した以上は正統だというより、この要求自体正当であったという方が、日本国憲法の正統性を主張する側にとっては落ち着きがよい。この問題は、実は、広島・長崎への原爆投下の正当性という深刻な問題とも関わっている。

広島・長崎への原爆投下を正当化する通常の議論はアッケラカンとした功利主義である。もし原爆投下がなければ日本の指導者はポツダム宣言を受け入れようとはせず、本土決戦に固執したはずである。その場合、日米両軍に膨大な死傷者が出たであろうし、都市部への大規模な空爆の継続により日本の一般市民にも多大な被害が生じたに違いない。つまり、原爆投下は全体としてより小さな犠牲により日本政府のポツダム宣言受諾という目指す目標を達成したがゆえに正しかったというものである。

政治哲学者のマイケル・ウォルツァーが指摘するように、この議論の難点は「ポツダム宣言の受諾」という目標自体、アメリカ政府が自ら設定したものだという点にある(Michael Walzer, *Just and Unjust Wars*, pp. 266–268 (Basic Books, 1977))。もし、日米両軍や日本の一般市民にこれ以上の犠牲をもたらすことが正当化できないのであれば、当時の日本政府が受諾可能な線までアメリカ政府が終戦の条件を引き下げればよかったのではなかろうか。本土侵攻作戦が甚大な犠牲にあたいしないのであればそもそもそれを計画しなければよいのであり、都市部への大規模な空爆も、誰に強制されたわけでもなくアメリカ政府が自身の判断で行ったことである。

つまり、原爆投下を正当化するためには、その前提として日本に無条件降伏と政治体制の根本的変革を要求することが是非とも必要であったことを論証する必要がある。原爆の都市部への投下が(そして東京大空襲を典型とする都市部への大規模空爆も)戦闘員と非戦闘員の区別という戦時国際法の基本原則の明らかな軽視であることからすれば、この問題は切実である。しかも、日本の政治体制の根本的変動を実現するためには、実際にもそうであったように、日本を長期にわたって占領しその主権を剥奪する必要がある。しかし、そもそも日本に対する戦争が正当化されたのは日本が他国の主権を侵害したからである。その結末として日本の主権を剥奪することは少なくともパラドクシカルではある。

この問いにはいくつかの答え方がある。一つは、ナチス・ドイツと同様、戦前の日本が周辺諸国民の生存、さらには人間の尊厳そのものさえ脅かす存在であり、このような例外的に邪悪な国家については、その政治体制の根本的変革を要求することが正当化されるという答え方である。この場合、少なくとも功利主義的観点からは、原爆投下は目的達成に必要な手段として正当化できるし、日本国憲法の正統性も一貫して弁証される。

次に、日本はたしかに危険な拡張主義国家であったがナチス・ドイツほど邪悪ではなく、朝鮮動乱や湾岸戦争の際と同様、日本に対しては限定戦争のみが正当化されたはずだという立場がある(ブッシュ大統領は、湾岸戦争当時、サダム・フセイン大統領はヒトラーより悪質だと主張していたが)。この場合ポツダム宣言の要求は不当であり、したがって広島・長崎への原爆投下も不当である。日本国憲法の正統性についても相当の居心地の悪さが生ずる。

さらに、原爆投下の正当性を功利主義にもとづいて云々すること自体ナンセンスだという立場もありうる。ウォルツァーが「戦争＝地獄」理論と名付けるこの立場によれば、戦争は「際限のない地獄」にほかならず、したがってそこでは地獄を可及的速やかに終結させるためにあらゆる手段をとることが許されるし、その結果についてはそもそも地獄を開始してしまった側にすべての責任がある。際限がない以上、正義を実現する側が全面勝利のため無条件降伏を要求することも無理からぬことである。原爆の投下がいかに非人道的だとしてもその責任は戦争を始めた日本にあるし、日本国憲法の正統性もポツダム宣言受諾の時点から議論を始めざるをえない。そこまでの歴史はすべて侵略によって開始された一連のとどまることのない地獄として括られる。

筆者は、戦後の日本国民の多くが受け入れているのは、三番目の「戦争＝地獄」理論ではないかと疑っている。大戦末期の空爆はまさに地獄を現出したし、この理論は戦闘員と非戦闘員との区別を無にする核戦争やゲリラ戦という戦後の戦争イメージとも重なり合っていた。再び地獄に陥らないためには、一切それに関わらないという立場をとるべきだと主張する人々が現れるのは自然である。この理論は容易に絶対平和主義と結びつく。ただ、全面勝利のために侵略国の民間人を戦闘員と区別せずに殺傷できるとは、アメリカ政府でさえもはや表立っては主張しえないことは、湾岸戦争でのプロパガンダのありさまからも明らかである。

最後に断っておくが、現時点における日本国憲法の正当性と、その出生の正統性とは全く別の問題である。

第六章　プライヴァシーについて

一　はじめに

「プライヴァシー」ということばはさまざまな意味で用いられる。「一人で放っておいてもらう権利」という古典的な意味もあれば、「自己情報をコントロールする権利」という現在学界で広く用いられる意味もある。さらには、堕胎の自由や髪形の自由のような自己決定権を広く、プライヴァシーの中に含める用法もある。

そもそも、「プライヴァシー」はそれ自体が権利なのか、それとも権利によって守られている状態あるいは領域を指すのかもはっきりしない。「人のプライヴァシーに立ち入るな」といわれるときは、「権利によって保護されている領域に立ち入るべきでない」といわれているのであって、「権利に立ち入るな」といわれているのではないであろう。

もし、「プライヴァシー」ということばを人々が実際にどのような意味で用いているのかを問うならば、それに対する答えは現に使われている意味に応じて多様でなければならず、それら多様な意味は必ずしも相互に整合しないはずである。これに対して、憲法学を含む法律学において「プライヴァシー」ということばをどのような意味で用いるべきかを問うならば、それに対する答えはできる限り簡潔で首尾一貫したものでなければならず、必ずしも現に使われている意味のすべてを覆うものとはならないであろう。もちろん、現に使われている意味のすべてとかけ離れたものであれば、なぜそれを「プライヴァシー」と呼ぶべきかが判然としなくなる。少なくとも現に使われている意味の多くと「家族的類似性」をもつ意味で用いるべきであろうし、また最高裁判所の判例のような権威あるテクストが一定の意味内容を示唆しているとすれば、少なくともそれと衝突しないような意味を付与するよう努めるべきでもある。

代表的な憲法上の権利である「表現の自由」の場合、この権利は、権利によって保護されている状態ないし活動である「自由な表現」とは別の存在である。表現の自由が憲法によって保障されていない社会でも、事実上、自由な表現活動が行われることはありうる。表現の自由が保護されなければならないのは、自由な表現活動に価値があるからであるし、それが政府(や私人)によって抑圧される危険があるからである。その価値がどのような価値であり、その危険がどのような危険であるかによって、表現の自由という権利がどのような権利であり、それがどの程度保障されるべきかについての答えが方向づけられる。「一切の表現の自由は、これを保障する」という日本国憲法二一条の文言にもかかわらず、文字通り「一切の表現」活動の自由が憲法によって厚く保障されているわけではなく、たとえば、わいせつ表現やせん動にあたる表現については、これを法的に規制しうることは当然と考えられている。

プライヴァシーについても同様の切りわけをする方が、思考の整理に役立つように思われる。「プライヴァシーへの権利」が法的に保障されていない状況においても、事実上多くの人々のプライヴァシーが守られていることはありうる（たとえば、多くの離れ島にそれぞれ一人ずつが居住している状況）。プライヴァシーへの権利が保障されるべきなのは、プライヴァシーに何らかの価値があり、しかも、それが政府（や私人）によって侵害される危険があるからである。その価値がどのような価値であり、その危険がどのような危険であるかによって、プライヴァシーへの権利がどのような権利であり、それがどの程度まで保障されるべきかについての答えを方向づけることができるであろう。

ただ、表現の自由が民主的政治過程の維持、個人の自律の確保、寛容な社会の再生産など多様な機能を果たしているように、プライヴァシーへの権利についても、必ずしもその仕える価値は単一とは限らず、多様な価値に仕えることもありうると考えられる。それに応じて、プライヴァシーの保護範囲について複合的な視点が要求されることもありえよう。

二　プライヴァシー権をいかに定義するか

まず、プライヴァシーへの権利は、「一人で放っておいてもらう権利」として捉えられることがある。[1] しかし、しばしば指摘されるように、この定義にほとんど望みはない。[2] 私がある人に石を投げつけて怪我をさせた場合、車でひき殺した場合、私は彼（女）を「一人で放っておいた」とはいえず、彼（女）の権利をたしかに侵害しているが、そこで侵害されている権利はプライヴァシーへの権利ではない。他方、私がある人の居室を遠くから望遠レンズ付きのカメラで録画した場合、私はある意味では彼(女)を「一人で放っておいた」といえるが、しかし彼(女)のプライヴァシーの権利は侵害されている。「一人で放っておいてもらう権利」というプライヴァシー権の定義は、今日では学説史上の意義しか有していないように思われる。

第二に、プライヴァシーへの権利として、女性が子どもを生むか否かを自分で決定する権利や自分の髪形を自分で決める権利のような、いわゆる自己決定権を広く含む使い方がなされることがある。筆者は、後で述べるように、プライヴァシーへの権利は自己決定権の一種と解釈することが可能であると考えるが、逆に、自己決定権をすべてプライヴァシー権の中に含めることは適切でないと考える。自己決定権は自己決定権として論ずる方が議論の混乱は少ないであろう。自分の髪形についてとやかく言われたとき、「それは僕の勝手だ(自己決定の問題だ)」ということはあろうが、「それは僕のプライヴァシーの問題だ」という答え方は、少なくとも現在の日本語として普通ではない。

筆者は、プライヴァシーへの権利の理解として妥当なのは、現在、学界で広く用いられている「自己情報コントロール権」だと考える。[3] この定義については、自己情報をコントロールすることがなぜ重要なのかが自明でなく、それがただ前提とされたまま、プライヴァシーの定義がなされていると批判されることがある。[4] また、自己情報のコントロールという概念は広範であって、そのすべてを法的保護の対象とすべきだとはいえない。しかし、自己情報のコントロールがなぜ重要かについては、別に議論することが可能である。そして、自己情報のコントロールが有する価値と、それが侵害される危険がいかなるものであるかが判明すれば、どの範囲で自己情報コントロール権を法的に保護すべきかを考える指針を得ることができる。自己情報コントロールが持つ価値を別に議論すべきことは、自己情報コントロール権としてプライヴァシー権を定義することへの反論にはならないと思われる。

三　自己情報のコントロールに何故価値があるのか

人が自分の情報をコントロールすることにはどのような価値があるのだろうか。逆に、それをコントロールしえないとき、どのような不利益が生ずるであろうか。この点についても、いくつかの議論が対立している。

(1) 異なる社会的文脈の切断

最近、この問題について興味深い視点を提供しているのが棟居快行教授の説である。[5] 教授によると、人は多様な社会的文脈の中で生活している。職場の上司(部下)として、父(母)親として、カルチャー・センターの講習生として、交通機関の利用者として……等々である。これらさまざまな社会的文脈の中で異なる役割を演じることが、人が人らしく生きることである。そのためには、異なる社会的文脈の自己を遮断することが必要となる。「お前はあそこではこう言っていたが、ここではこんなことをやっているではないか」と一々言挙げされては、人生はままならない。多様な自己像をコントロールし、自己の生き方を裁くのは、本人だけでなければならない。このように異なる社会的文脈での自己像を遮断するのがプライヴァシー権である。「人のプライヴァシーに立ち入るな」という言い方は、教授によれば、「勝手に別の場所での別の私のイメージを持ち出して私を当惑させないでくれ」と言っていることになる。

棟居教授の説は、自己情報コントロール権としてのプライヴァシー権の重要な機能の一つを明らかにするものであるが、おそらくはそれにとどまる。異なる社会的文脈における自己像を遮断することと、プライヴァシー権の機能とが全面的に一致するわけではない。たとえば、「スターダスト・メモリー」を見た観客や批評家が、この作品の中でウッディ・アレンの演じた映画監督を、実際の原作者であり監督である彼と同一視したことが不当であるとアレンが指摘する際、明らかに彼は、異なる社会的文脈での彼の役割を観客や批評家が混同したことを不当としているのであるが[6]、しかし、彼の非難をもって「プライヴァシー侵害」の主張と見ることは通常のことばの使い方とはかけ離れている。また、教授自身が挙げる例でいえば、鬼刑事が非行息子を諭している最中に、部下が「さすがデカ長は落としがうまい」と割り込んでくる場合は、たしかにプライヴァシー権が侵害されていると言えるかも知れないが[7]、息子が鬼刑事の職場を覗いて、「本当にお父さんは人を愛しているんだね」と言ったとしても、父親のプライヴァシーを息子が侵害していると普通の人は考えないであろう。さらに、ただ単に他人の住居に盗聴器を仕掛けてその私生活のありさまを盗み聞きしている場合も、とくに異なる社会的文脈の混同がなされているわけではないが、なおプライヴァシーが侵害されていると通常は受け取られるはずである。

異なる社会的文脈での演技やイメージを本人の意図に反して突き合わせることは、ある局面ではプライヴァシー侵害となるが、他の局面ではそうではない。異なる社会的文脈での異なる演技やイメージのうち、一定の文脈の演技やイメージを他の文脈に持ち出すことが一方向的に問題となるのであれば、なぜその一定の文脈からの片面的な移動のみをプライヴァシー権によって遮断すべきなのか、いかなる価値にそれが寄与するのかを改めて論ずる必要がある。また単純な盗聴のように、異なる社会的文脈での演技やイメージを本人の意図に反して突き合わせることがまだ問題となっていない場面でも、なおプライヴァシーが侵害されていると考えられる場合もある。ここでも、人の生きる多様な社会的文脈の切断という機能とは異なるプライヴァシーの意味が問題となっている。

(2) 経済的効率性

プライヴァシー権が果たす別の機能を指摘するのは、リチャード・ポズナー判事である。[8] ポズナー判事によれば、法と経済学の観点から見たプライヴァシー権の主な機能は、当該個人に関する正確な情報を秘匿することで他者が本人に対して持つイメージを操作する点にあり、したがってプライヴァシー権の保護は社会的相互作用の上での取引費用を増大させ、場合によっては人が自分の真の姿に関して他人をミスリードすることにつながり、経済的に非効率である。他方、AとBが第三者であるCの評価について会話するときのように、通信内容が公開されるとコミュニケーションがスムーズにいかなくなり、かえってコストがかさむ場合もある。このような場合にはプライヴァシーを守ることが経済的にも効率的となる。つまり、個人に関する情報を保護するプライヴァシー権は経済的に非効率だが、通信の秘密を保護することは効率的である。

プライヴァシー権の主な機能が、本人について他者が抱くイメージを操作する点にあるという主張は、異なる社会的文脈における演技を切り分けることで、別の文脈の自己イメージが混同されないようコントロールする点にプライヴァシー権の役割があるという棟居教授の主張のちょうど裏返しである。自分の全体像が持つ他の側面を隠すことでしか、個々の局面の自己をうまく演じきることはできない。問題は、第一に、このような切り分けがはたして非効率といえるか否かであり、第二に、たとえ非効率であったとしても、それがプライヴァシー権を保護しない理由になるかである。

第二の問題から先に答えると、ある権利を保護することが社会全体の厚生や富を低下させるという意味で経済的に非効率であることは、その権利を保護しない決定的な理由にはならない。経済的に非効率な権利はそれだけ保護の必要が低下するという考え方は、立法・司法において尊重すべき価値は経済的な効率性のみであるという極端で常識に反する前提にもとづくものである。問題は、経済的に見て非効率であるとしてもなお、その権利を保護すべき価値があるか否かにかかることになる。

第一の問題についてであるが、この問題に対する答えは、異なる社会的文脈に属する本人の側面を知ることが、当該文脈での経済的効率性にどこまで寄与するかにかかることとなろう。鬼刑事が家で子煩悩な父親であることを知ることは、あるいは彼の性生活上の習癖を知ることは、彼が刑事として有能であるか否かを判断する上で必要だと言えるであろうか。当該文脈に関連する情報に取得しうる情報を予め限定することは、かえって情報の収集と処理のコストを低下させるかも知れない。ポズナーの議論は、情報の有用性に関していかなる情報でも入手できればそれだけ意味があるという強すぎる前提から出発している疑いがある。

(3) 人間関係の自由な形成

筆者は、自己情報のコントロール権は、他者からの監視や干渉、社会関係の圧力の及ばない自分だけの静穏な私的領域で個人が自由に思考し、交流し、生きることを可能にするだけではなく、本人の選択する相手とのみ本人の決定する人間関係を形成する能力の必要不可欠な構成要素でもあるというチャールズ・フリード教授の立場に賛同する。(9) プライヴァシーに属する自己情報の中には、本人のみが墓場の中まで持っていく情報もあるかも知れない。しかし、ほとんどの自己情報は、本人がこの人にだけは話そうと決意し、そうしてコミュニケートし、分かちあうことで、本人の選びとった人間関係を形成するために用いられる。そうして選びとられた人間関係の中で、さらに当人だけの間でのみ分かちあう情報が生み出され、その人間関係が日々再生産されていく。恋人、夫婦、親子、友人の関係はそうした人間関係の典型である。こうした人間関係は、法律上の関係とは必ずしも対応しない。夫婦でありながら、こうした親密な情報の分かちあいがなければ、それは仮面夫婦であり、親子の間でそうした分かちあいがなければ、それは親密な親子とはいえない。人は、夫婦関係だけでなく親子関係をもある程度までは選ぶことができる。

こうした考え方からすれば、異なる社会的文脈に属する自己情報であっても、それがどの文脈からどの文脈へ移動するかにより、プライヴァシー権の侵害となることもあれば、ならないこともある。職場での自分の失敗を配偶者と話しあうことはプライヴァシーの侵害にならないが、何十年も前のある人の被告人としての経験を、たまたま新聞記事で知った他人が現在の本人の知人に知らせることはプライヴァシーの侵害になりうるであろう。つまり、プライヴァシー権は、各人に、公的生活にかかわらない私的領域があることを前提とする。私的な情報やコミュニケーションを他者が収集・利用・伝達することがプライヴァシー権の侵害となるのは、それらが公的生活にかかわりのないその人自身の問題であり、それらの情報を誰に開示するかは本人だけが決定できるはずだからである。

逆にいうと、伝統的な村落社会のように人々の生活の中で私的空間と公的空間との区分が不明確であり、互いに顔見知りの人々ばかりが長年、同じ場所で生活している場合には、プライヴァシーがことさら意識されることは少ないであろう。プライヴァシーがより切実な問題とされるのは、無名の群衆が集中して生活し、職場と住居とが分離した現代の都市においてであろう。プライヴァシーへの権利が「新しい権利」とされることには理由がある。(10)

また、自分で自分の人間関係を形成する能力は、たとえそれが経済的観点からして非効率なものであったとしても、これを保護する十分な理由があると思われる。社会全体の厚生を低下させるかも知れないからといって、このような能力を剝奪されることに同意する人がいるとは考えにくい。この能力を剝奪されるという条件でもなお、人は社会生活に参加したいと思うであろうか。

四　プライヴァシーの限界

自己情報コントロール権としてのプライヴァシー権が、公的な生活にかかわらない私的領域の存在を前提とし、その領域に属する情報に対するコントロール権を意味しているとして、その境界線はどのように引かれるであろうか。これを時間的・空間的指標によって画然と区別することは困難であろう。電気通信によるコミュニケーションは、以前は明白に私的な領域に属するものと考えられていたが、それは一対一の電話による通信が常態だったからである。インターネット上のホームページやパソコン通信のフォーラム、メーリング・リストのように「公然性を帯びる電気通信」が行われる現在では、電気通信の領域のすべてが私的領域に属すると推定することも難しくなっている。

具体的にどこまでが私的な生活領域であり、プライヴァシー権によって保護すべき情報の範囲かは、社会の慣習や通念によって決まる部分が大きい。社会の大部分の人がプライヴァシーの問題だと考えない事項(たとえばその人の車がどのメーカーの生産した車であるか)を全く私的な事柄だと考える人もいるであろうが、そのような独自のプライヴァシーの観念にしたがって保護されるべきそれぞれの生活領域を区切ることは、法制度として明らかに不適切である。私的領域の限界は同時に公的領域の限界でもある以上、各個人に独自の線引きを許すならば、社会生活そのものが成り立たなくなるおそれがある。(11)

いいかえれば、プライヴァシーが侵害されたか否かは、問題となる情報が個人の私的な領域に属する情報か否かと同時に、問題となった具体的状況で、本人がどの範囲での流通(ないしは非流通)を合理的に期待しうるかにも依存する。現代の日本では、私信を差出人の同意なく周囲に回覧することは、差出人が通常期待するところではない。他方、私信と同じ内容を新聞の投書欄に投書すれば、多数の目に触れるであろうことは当然予期すべきである。このような合理的期待は、当該社会の慣習や通念の存在を前提としており、それが国により時代によって異なることも十分考えられる。

結局のところ、私的領域の具体的な線引きの問題は、財産制度に関するルール設定がそうであるように、調整問題(coordination problem)の一種と考えることができる。[12] 共通の基準が社会に受け入れられてはじめて各人は合理的に期待しうる保護の範囲を予測することができ、安心して各自の私的領域で自由な生活を営むことが可能となる。このため、ルールの具体的な解釈適用について紛争が生じた場合には、裁判所の有権解釈に頼らざるを得ない場合が生ずる。しかし、いったん確定した線引きについて、裁判所を含めた国家機関がそれを事後的に左右することは、保護範囲に関する私人の予測可能性を損なうとともに、彼(女)が自由に思考し行動する能力も、自分の選ぶ親密な人間関係を形成する能力も掘り崩すことになる。

五　個人情報の保護とプライヴァシー

自己情報コントロール権は、私的領域に関する情報の収集・利用・伝達をコントロールする権利を超えて、公的領域に関する情報についても、氏名、住所、生年月日など各個人を識別しうる情報が関連する情報とともに収集・管理されている場合に、その正確さ、管理の安全性、使用目的の限定などについて本人に一定の権利を付与するといわれることがある。[13]

ある情報が私的な領域に属するか否かは前節で述べたように不明瞭なことが多いし、公的な事項に関する情報であっても、他の個人情報と組み合わせることで、私的な領域に属する情報を構成することが可能である。また、個人情報を包括的に法的規制の対象とする方が、私的情報のみを対象とするよりは、概念を明確化する利点がある。したがって、個人情報については、それが厳密な意味での私的領域に含まれないものであっても、また誰もが秘匿を望むセンシティヴな情報とはいえないものであっても、包括的に収集・管理の事実を公示ないし登録し、その安全確保義務を保有者に課し、使用目的を明示・特定するとともに、その内容について訂正ないし抹消を求める権利や利用方法を限定する権利を本人に付与することが、本来のプライヴァシーの保護にも役立つことが多いであろう。[14] そのような権利は、公共の福祉にかなう限りで憲法一三条後段の保護を受けると解することができる。[15] とくに、プライヴァシー権はいったん侵害されると原状回復の難しい権利であり、したがって一般的な不法行為法や人格権の保護法制によって十分な保護を与えることが困難であるだけに、[16] プライヴァシー権の侵害につながりかねない個人情報の収集・利用・伝達について法的規制を加えるべき必要性は大きい。[17]

在留外国人について指紋押なつ制度を定める外国人登録法の規定の合憲性が問題となった事件で、最高裁は、指紋は「それ自体では個人の私生活や人格、思想、信条、良心等個人の内心に関する情報となるものではないが、性質上万人不同性、終生不変性をもつので、採取された指紋の利用方法次第では個人の私生活あるいはプライバシーが侵害される危険」があるため、「指紋の押なつ制度は、国民の私生活上の自由と密接な関連をもつ」とし、憲法一三条により、「個人の私生活上の自由の一つとして、何人もみだりに指紋の押なつを強制されない自由を有するものというべきであり、国家機関が正当な理由もなく指紋の押なつを強制することは、同条の趣旨に反して許され」ないとした。(18)

この判決は、最高裁が法廷意見において「プライバシー」という概念を用いたきわめて稀な例であるが、ここでは、指紋が個人を識別し、それを鍵として当該個人に関する情報を収集・利用する手段となることに着目して、それが私生活に関する情報ほどの憲法上の厚い保護にはあたいしないものの、それを侵害する危険を防ぐために、指紋を正当な理由なく国家機関が収集することを憲法上禁止する議論が展開されている。同じことは、程度の差はあれ、氏名、住所あるいは個人を識別するために付与される番号など、個人の「索引情報」といわれる情報について広くあてはまるはずである。(19)

六　むすび

社会生活におけるコンピュータの広汎な利用とネットワーク化は、社会生活の利便性を高める上で多いに貢献している。社会生活の公私両面において、人々の利便性を高める提案が数多くなされている。多様でそれぞれ独立に活動する政府諸機関に蓄積されている情報を統合し、容易にアクセスできる無数の端末を通じて、市民が政府の提供するサービスを簡便に利用できるようにしようとする電子政府サービス構想はその一つである。[20]

しかし、反面で、高度情報化社会では、個人の情報が国境をも超えて広汎かつ急速に伝播する危険や他者によって密かに収集・利用される危険も増大している。プライヴァシーの権利を保護すべきことはいうまでもないが、それと同時に、プライヴァシー侵害につながるおそれのある個人情報の収集・利用・伝達を規制する制度を整備する必要性も高まっているということができよう。

もっとも、いかなる形で個人情報保護の制度整備をすすめるべきかについては簡単な結論は導きにくい。ヨーロッパ諸国に見られるように公的部門と私的部門の双方を覆う統一的な保護法制を備えれば、たしかに制度の整合性や透明性は確保することができるが、その反面で、保護の対象となる情報の性格や規制の対象となる産業の特質に応じたきめ細かな規制は困難となる可能性がある。一般法に加えて個別の情報や産業に応じた法制を重ねていく必要があるとすれば、制度の整合性や透明性は結局低下するであろう。また、立法の難易という点からすると、広範な産業部門や多様な省庁の利害を調整する必要のある統一的保護法制よりは、個別の産業部門に応じた規制の組み合わせの方が制度整備は容易であろう。

さらに、市民の間で個人情報に関するセンシティヴィティが高まり、各企業が個人情報保護に重点を置くことが競争上有利であると考えるようになれば、政府の法的規制によらずとも各企業の競争によって自然と個人情報保護にもとる企業は淘汰される可能性もある。また、当該市場で活動する企業が少数であるなどの事情から、企業間の行動の調整が容易である場合には、政府の役割は出発点となるガイドラインの策定や一定の個人情報保護の基準を遵守する企業にマークを与えるなど、市民や企業に対して一定の指針を示すことで足りるであろう。必ずしも統一的な個人情報保護法制を整備しなければならないというわけではない。国際的な動向に加えて一般市民の意識や業界の行動様式をも勘案した適切な対応が必要である。

本章では、憲法上の自己情報コントロール権が、個人の私的領域に属する情報のコントロールを保障するプライヴァシー権と、それ以外の領域に属する個人情報のコントロールをも保障する権利との両者を含んでいるとの試論を提起した。前者が後者よりもより厚い保障にあたいすることは最高裁の判例によって確認されている。このような整理は、プライヴァシーに関する通常の用法や感覚と整合し、また立法や法解釈、さらには国際的な個人情報保護のルールを調整する上でも一定の有用性を持つと考えられる。

注

(1) Samuel Warren and Louis Brandeis, The Right to Privacy, 4 *Harvard Law Review* 193, 205–206 (1890).

(2) Judith Jarvis Thomson, The Right to Privacy, 4 *Philosophy and Public Affairs* 295 (1975); W. A. Parent, A New Definition of Privacy for the Law, 2 *Law and Philosophy* 305, 321 (1983); 佐伯仁志「プライヴァシーと名誉の保護(3)」法学協会雑誌一〇一巻九号一四四三頁。

(3) Alan Westin, *Privacy and Freedom*, p. 7 (Bodley Head, 1967); 佐藤幸治「憲法一三条 解説」樋口陽一

他『注解法律学全集　憲法I』二八一頁以下(青林書院、一九九四)、堀部政男『プライバシーと高度情報化社会』六〇頁(岩波新書、一九八八)。

ウェスティンによるプライヴァシーの定義は、「いつ、いかに、そしてどこまで自分たちについての情報が他者に伝達されるべきかを、個人、集団、制度体(institutions)が自分たちで決定するという要求」というものである(Westin, op. cit.)。

(4) Raymond Wacks, *Personal Information*, p. 15 (Clarendon Press, 1989)；阪本昌成「プライヴァシーと自己決定の自由」樋口陽一編『講座憲法学第三巻　権利の保障(1)』二三四―二三六頁。

(5) 棟居快行『人権論の新構成』(信山社、一九九二)第三章。棟居説に対する論評として、阪本・前注(4)二四〇頁を見よ。

(6) スティーグ・ビョークマン編著『ウディ・オン・アレン』大森さわこ訳(キネマ旬報社、一九九五)一五四頁。

(7) 棟居・前掲注(5)一八九頁。

(8) Richard Posner, The Rights of Privacy, 12 *Georgia Law Review* 393 (1978).

(9) Charles Fried, Privacy, 77 *Yale Law Journal* 475 (1968)；佐藤幸治『憲法』〔第三版〕四五四頁も参照。

もちろんプライヴァシーの権利は、その他にも、他人の監視や評価を離れて自分のしたいことをする空間を本人に与えたり、自分に開かれたさまざまな選択肢を冷静に考慮する時間を確保することで本人の自律的選択を助けるなどさまざまな価値に仕える。しかし、これら他の諸価値は、必ずしもプライヴァシーに他の憲法上の権利に優越する強い法的保護を与えるべき根拠にはならない。

これらのプライヴァシーの保護は個人だけではなく、法人や政府機関などにも認められるものであろう。政府機関の意思決定過程について一定の秘密が認められるのも、他人の監視から自由な空間で試行錯誤や腹蔵のない率直な意見の交換を経て決定にいたることを認める方が社会全体の利益につながる蓋然性が高いと考えられるからである。法人や政府機関にさえ認められるプライヴァシーに、個人に認められる他の憲法上の権利に優越する法的保護を認めるべき根拠は薄弱であると考えられる。

(10) Eric Barendt, Privacy as a Constitutional Right and Value, in *Privacy and Loyalty*, ed. by Peter Birks, p. 7 (Clarendon Press, 1997). なお後注(11)をも参照。そこで指摘するように、私的領域と公的領域との区分には歴史的状況を超えるより普遍的な意義も認められる。

(11) 公的領域と私的領域との区別がそもそもなぜ必要かについては、Ruth Gavison, Privacy and the Limits of Law, 89 *Yale Law Journal* 421 (1980) をひきつつ、「個人の自律と多元的で寛容な『開かれた社会』」の維持という規範的観点を強調する佐伯教授の指摘が示唆深い(佐伯・前掲注(2)一四四三—一四五一頁)。

ホッブズ的自然状態に生きる人がそうであるように、各人が自らの「善き生」の理念を全面的にこの世で実現しようとすれば、「万人の万人に対する争い」が永続することになる。公的領域と私的領域とを区分し、前者ではすべての市民が社会全体の利益について理性的に審議・決定するとともに、予め定められたルールに従って各自がそれぞれの利益最大化を求める行動を自由に認め、他方で各人の「善き生」の実現はそれぞれの私的領域に委ね、かつ限定することでこの世の平和を維持するのが近代立憲主義のプロジェクトである。この点については、本書第一章および拙稿「国家権力の正当性とその限界」『岩波講座現代の法1　現代国家と法』一三七頁以下(岩波書店、一九九七)参照。

(12) Cf. Fried, supra n. 9, pp. 486–489. 合衆国連邦最高裁のジョン・ハーラン判事は、プライヴァシーに関する「我々の期待や想定する危険は、かなりの程度まで、過去そして現在の社会慣習や価値をルールに置き換えた法制を反映したものである」と述べる(United States v. White, 401 U.S. 745, 786 (1971))。

ここで述べたことは、当然のことながら、プライヴァシーの境界が国家機関の恣意によっていかようにでも決められるという趣旨ではない。ただ、厳密にどこに境界を引くべきかという問題に対する答えは、プライヴァシーの定義や機能から論理的・一義的に導き出されるわけではないため、国家機関の有権的解釈や決定に依存せざるをえない状況は広範に生ずる。これは、財産制度を構成するルールの具体的な解釈・適用に疑義が生ずる場合や国境線をどこに引くべきかに争いが生ずる場合と同様である。

逆にいうと、現在のプライヴァシーの境界線が一義的に決定される必然的な境界線ではないという事情は、その境界線を移動させても構わないという結論を導かない。一義的に決定される必然的な境界線はどこにもない以上、それを理由に移動できるとなれば、踏みとどまることのできる地点はどこにも存在しない。

(13)　行政機関の保有する電子計算機処理に係る個人情報の保護に関する法律第二条二号は、個人情報を「生存する個人に関する情報であって、当該情報に含まれる氏名、生年月日その他の記述又は個人別に付された番号、記号その他の符号により当該個人を識別できるもの(当該情報のみでは識別できないが、他の情報と容易に照合することができ、それにより当該個人を識別できるものを含む。)」として定義している。つまり、生存する個人について、「XはYである」という情報があり、Xが当該個人を識別させうるような性質の記述や符号であれば、その情報は個人情報である。

(14)　ヨーロッパ諸国では一般に個人データを収集・処理する者は収集されるデータの範囲やその目的、収集されたデータの流通先や収集期間等について政府の監督機関に登録することを義務づけている(個人データの保護と自由な流通に関するヨーロッパ連合の指令(Directive 95/46/EC of the European Parliament and of the Council on the Protection of Individuals with Regard to the Processing of Personal Data and on the Free Movement of Such Data (Eur. O. J. 95/L281) 一八条参照)。このように個人データの収集・利用の活動について監督機関が一元的に管理するという制度が、果してプライヴァシー以外の憲法上の権利(例えば表現の自由など)を過度に萎縮させることにならないか、また、多元的な規制よりもむしろ個人のプライヴァシーに対する危険を高めるのではないかという問題が議論される必要がある(cf. Fred H. Cate, *Privacy in the Information Age*, pp. 124-125 (Brookings Institution Press, 1997))。

(15) これに対して、プライヴァシー権本体は、憲法一三条前段の個人の尊重規定にもとづいて、より厚い保護を受けると考えられる。この点については、拙著『憲法』一五二頁以下(新世社、一九九六)参照。

個人情報の保護に関わる権利が公共の福祉に適う限りでの保障を受けるにとどまる点を認識することは、この権利が表現の自由など他の憲法上の権利と衝突する可能性を含むため、重要な意味をもつ。たとえば、新聞社などの報道機関が個人の過去の犯罪経歴などの個人情報を当該個人のコントロールの及ばない形で収集・処理することは、報道の自由を実質的に確保する上で必要な場合がある。筆者は、報道の自由は公共の福祉に適う限りでの保護を受けるにすぎないと考えるが(この点については、拙著『テレビの憲法理論』三二頁以下(弘文堂、一九九二)参照)、報道の自由が社会全体にもたらす利益にかんがみると、報道機関について、個人情報保護法制からの一定の免除を認める余地はあると考える。

前注で触れた、個人データの保護と自由流通に関するヨーロッパ連合の指令の第一条は「個人情報の処理に関するプライヴァシー権」を「自然人の基本的権利および自由」の一つとして掲げている。もっとも、同指令は報道の自由など、表現の自由との調整の可能性を認めており(同九条)、他の基本的権利との調整を全く許さない強い権利として「個人情報の処理に関するプライヴァシー権」を提示しているわけではない。

この点に関しては、ヨーロッパ諸国の多くが、アメリカ合衆国や日本ほど広範な表現の自由を憲法上保障しているわけではないことに留意する必要がある。また、ヨーロッパ諸国は合衆国や日本よりはるかに広範に政府が市民生活を規制し干渉する伝統を持っている。ヨーロッパの人々は、他の市民によるプライヴァシー侵害を政府による憲法上の権利の侵害よりも深刻に受け止める傾向があるといえる。ヨーロッパ連合の指令と同程度の保護をそのまま法制化しようとすれば、合衆国や日本では表現の自由をはじめとする他の憲法上の自由との整合性が深刻な問題となるであろう(cf. Fred H. Cate, supra note 14, pp. 44–45 & 111)。

(16)　アメリカ合衆国においてプライヴァシーに関するコモン・ロー上の法理が情報コントロール権としてのプライヴァシーを十分に保護しえない点を指摘するものとして、Fred H. Cate, supra note 14, pp. 89–90 がある。

(17)　問題となる個人情報のセンシティヴィティに応じて保護の程度を区別する法制も考えられる。イギリスの一九九八年データ保護法は、当該個人の人種・民族、政治的・宗教的信条、健康状態、性生活に関する情報などのセンシティヴな情報(sensitive personal data)については、より厚い保護を与えている(Data Protection Act 1998, s. 2 & Schedule 3)。

(18)　最判平成七・一二・一五刑集四九巻一〇号八四二頁。

(19)　もっとも、個人を識別するための索引情報として、当人しか知らないはずのセンシティヴな情報を収集し、それを本人確認のための「暗証番号」代わりに利用するような場合には、索引情報として用いられる情報であってもやはりその収集に強い正当化理由が必要となる。索引情報であることは、必ずしもセンシティヴィティが低い情報であることを意味しない。

また、同じ索引情報の中でも、たとえば指紋や手の立体形状、あるいは納税者番号のような情報は、本人の同一性を同定する上で氏名や住所より効果的であり、センシティヴな個人情報の収集・流通に利用される危険性が高いため、またそれに応じた高度の保護措置が必要となるし、これらの情報の収集にはやはり強い正当化理由が必要となろう。

(20)　一例としてイギリス政府の公表した *Government. direct, A Prospectus for the Electronic Delivery of Government Services*, Cm 3438 (Stationary Office Ltd., 1996) がある。そこでは、税の申告や還付、政府保有情報の提供、社会保障給付などさまざまな行政サービスを、各政府機関が分散的に保有するデータと各個人・企業とを連結するシステム(民営が予想されている)を通じて、簡易にかつ一日二四時間を通じて提供する構想が提示されている。この構想は一九九七年に成立した労働党政府の下では受け継がれ、実現に向けて試行や調査が行われている。

プロムナード　その6

社会通念が如何なるものであるかの判断は、現制度の下においては裁判官に委ねられているのである。……裁判官が良識に従い社会通念が何であるかを決定しなければならぬことは、すべての法解釈の場合と異なるところがない。

――チャタレー事件最高裁判決

フランスの代表的な憲法の教科書に、ビュルドー、アモン、トロペール三人の共著によるものがある(G. Burdeau, F. Hamon et M. Troper, *Droit constitutionnel* (L. G. D. J))。もともと故ビュルドー教授の単独著であった教科書を、アモン、トロペール両教授が第二一版以来、改訂しているものである。改訂後の教科書はビュルドーの執筆部分をほとんど残していない。新しい教科書の最大の特色は、第一部「国家の一般理論」にあり、そこにはケルゼニアンであるトロペール教授の理論が色濃く現れている(故ビュルドー教授はトマス主義者であった)。

トロペール教授は、その独特の解釈理論によって著名である。彼によると、法を適用するためには条文(texte)の意義を定めること、つまり解釈(interprétation)が必要となる。解釈は、不明瞭な条文についてのみ必要とされるわけではない。条文の意義が明瞭か不明瞭かがわかるためには、その意義がすでに判明している必要があるが、それはすでに解釈がなされていることを意味する。結局のところ、あらゆる条文はその適用前に解釈を必要とすることになる。

この理論からすると、条文の意義を定めるのは最終的な有権解釈権を持つ機関、通常は最上級裁判所であって、「立法機関」であるはずの議会ではない。人々にかくかくの行動を命令し、しかじかの行動を許可するのは、実は議会ではなく裁判官だということになる。しかも、誰が有権解釈権者たる裁判官であるかを決めるのも、法律によって裁判所を組織し権限を与えるはずの議会ではなく、その条文を解釈する裁判官である。憲法についても同様であって、何が憲法の意義であるかを決めるのは、いわゆる「憲法制定権者」でも「憲法改正機関」でもなく、「われわれが有権解釈権者だ」と有権解釈を通じて決定する裁判官たちである。

この刺激的な理論はさまざまな疑問を提起するが、ここでは上記のパラドックスについて考えてみたい。つまり、条文の意義が明瞭か否かがわかるためには、すでに解釈がなされていなければならないのであるから、不明瞭な条文にのみ解釈が必要となるというテーゼはパラドックスを導くというトロペール教授の指摘についてである。

このパラドックスが生まれるのは、文言の意義を理解するためには必ず解釈が必要だという暗黙の前提があるからである。明瞭な条文は何の解釈も要することなくその意義が明らかなのだと考えればパラドックスは生まれない。こうした考え方はあまりにもナイーヴであろうか。ウィトゲンシュタインはそうではないと言ったに違いない。

ウィトゲンシュタインは、あらゆる規則はその適用に際して解釈を必要とするという考え方が、かえってきわめて深刻なパラドックスをもたらすという(『哲学探究』)。それというのも、こういう前提からすると、そもそも規則を誰かに教えたり伝えたりすることが不可能となるからである。たとえば、教師が算術で＋の記号が意味することは何かを教えるために、例として自然数の列に2を足した数列を作るように生徒にいうとする。教師がまず、3、4、5、6、7と模範を示し、同様に後を続けるようにいうと、生徒は、8、9、10、11、13、14と続ける。教師が11の次は12であるというと、生徒は、＋2が意味しているのは、9までは2を足し、10からは3を足し、20からは4を足すことであると思ったと答える。

ここまで単純な誤りであれば簡単にただすことができるが、もっと込み入った解釈を考えつくこともできる。たとえば、＋は一般には足し算を意味しているが、39,583＋55,928の場合だけは0という答えを与える操作だという解釈をとる生徒に対しては、それをただす機会はその生徒の一生の間、誰にもないかも知れない。つまり、ウィトゲンシュタインの議論の要点は、所与の有限の模範例だけからでは、その模範例の数がどれほど多くとも、必ずそれらのすべてと整合する無数の規則の解釈を思いつくことができるということである。どんな行動でもその規則の何らかの解釈とは一致する(前掲書二〇一節)。

このパラドックスからわれわれはいかにして抜け出せるのか。ウィトゲンシュタインは、規則には解釈によらない理解の仕方があることを示唆する。わざわざ解釈をしなくとも、われわれが属する共同体の生活様式の中で共通に受け入れられている規約からすれば、ことばや記号の意味が当然に確定することは十分ありうるし、多くのことばや記号の意味がこのようにして決まらない限り、われわれの意思疎通は不可能となる。

トロペールの提示する解釈理論においても、同様のパラドックスは発生するであろう。たとえ有権解釈機関がある条文の解釈を提示しても、それがことばによって示されるものである限り、その意義が何かについてさらに解釈が必要となり、それについてもさらに解釈が必要となるという底無しの砂地獄への恐るべき沈下が待っている。この過程をどこかで断ち切るためには、どこかで解釈によることなく、社会で共通に受け入れられている規約から直ちにその意味が明らかとなる定式が足掛かりとして見出される必要があろう。

こうして、解釈の必要とされる状況が限定され、それ以上沈まない足場が確保されるならば、その余のトロペールの理論を説明することは比較的容易である。以前にも述べたように(プロムナード その1)、多くの法令の役割は、どれでもよいがとにかくどれかに決まっていてくれなければ皆が困ることについてどれかに決めてくれることにある。法令の存在にもかかわらず、どれに決まるかについて疑義が生ずるとなると、条文の解釈が必要となる。ところが、一体誰の解釈が決め手になるかという問題も、やはりとにかく誰かに決まっていてくれなければ皆が困る問題である。最高裁判所が、われわれがその解釈権者だと言って「有権解釈」なるものを提示し、それに皆が事実として従うのであれば、それに従うことがすべての人にとって利益となるはずである。

冒頭のことばは、最高裁判所がまさにそのような自身の立場を確認した(あるいは思わず口がすべった)例である。

もっとも、法の中にはそうでない役割を果たすものもある。人権の保障という役割はその一つである。法解釈をすべて最終的な有権解釈に委ねれば足りるわけではない。

第七章　行政情報の公開と知る権利

一　はじめに

一九九九年五月、国の行政機関の保有する情報の公開に関する法律、いわゆる情報公開法が成立した。法案が一九九八年三月二七日に国会に提出されて以来、一年以上を経過しての成立である。その第一条によれば、「この法律は、国民主権の理念にのっとり、行政文書の開示を請求する権利につき定めること等により、行政機関の保有する情報の一層の公開を図り、もって政府の有するその諸活動を国民に説明する責務が全うされるようにするとともに、国民の的確な理解と批判の下にある公正で民主的な行政の推進に資することを目的とする」。

つまり、情報公開法は国民主権を理念としており、その目的は、政府の活動を国民に説明する政府の責務、いわゆる政府の「説明責任」を全うすることと、国民の的確な理解と批判の下で公正かつ民主的な行政を推進することの二点にあるとされている。以下で述べる通り、行政の活動が広範にわたる現代国家において、国民主権の理念を実質化するためには、そこでいう「国民主権」をどのように理解するにせよ、政府の保有する情報を社会一般に公開し行政活動の内容を明らかにする必要があると考えられる。今回の情報公開法の制定は、この点で大きな前進を意味する。

ところで、情報公開法が制定される過程では、「知る権利」を情報公開法の理念ないし目的として法文に明記すべきであるとの議論がしばしば展開された。[1] この問題について、情報公開法要綱の策定にあたった行政改革委員会は、「知る権利」を情報公開法の目的規定に明示的に書き込まなかった理由として、「知る権利」は、政府が保有する情報の開示を請求することのできる権利としては最高裁の判例でもいまだ認知されておらず、また、このような権利が憲法二一条によって保障されているとする見解の中でも、この権利は「基本的には抽象的な権利であるにとどまり、法律による制度化を待って具体的な権利となるという見解が有力である」など、この概念が多義的である点を指摘している。[2]

結論からいえば、「知る権利」を目的規定に明記するか否かという問題は、以下で論ずるように、決定的な重要性を持つわけではないと考えられる。政府情報の公開を請求する権利としての「知る権利」を根拠づける理由は、国民主権の理念を行政レベルにおいて実質化するという情報公開法の明示する目的とほぼ重なりあっている上、このような意味での「知る権利」が、少なくとも抽象的には憲法二一条によって保障されているとの支配的見解の立場からすれば、たとえ「知る権利」が法律レベルで明文化されなくとも、この抽象的権利は今後の立法や裁判のあり方をコントロールすることができるはずだからである。

以下では、まず「知る権利」に関わる問題を説明し、ついで国民主権と政府の説明責任の関係について検討する。

二　知る権利について

(1)「知る権利」の内容

知る権利は、表現活動の主な担い手がマスメディアとなり、市民が社会全体に実効的に情報を伝達する手段を持たない現代社会において、重要な意義を持つにいたったと考えられている。もちろん、個々の市民も、ビラの配付やインターネットでのホームページの開設等によって自ら情報を伝達することができる。しかし、社会生活において意味のある情報であるためには、それが社会全体に広く伝達され、多くの人々に共有される必要がある。そのような情報の伝達主体は、主として新聞やテレビをはじめとするマスメディアである。

社会で広く共有される情報の送り手と受け手とが分離したこうした状況の下では、第一に、マスメディアから市民への情報の伝達が政府によって阻害されない権利、いいかえれば市民が自由に情報を受け取る権利が確立される必要がある。この自由な情報の受領権は、その裏返しとしてマスメディアに情報を自由に伝達する権利、つまり報道の自由が保障されるべきことを意味する。

第二に、受け手としての市民に奉仕すべきマスメディアがその役割を十分に果たすためには、マスメディアが情報源にアクセスする権利、つまり取材の自由をも保障する必要がある。

第三に、個々の市民が主体的に情報の提供を政府に求める権利、つまり情報の公開を要求する権利も、知る権利の一環として認められるべきだといわれることがある。(3) このような権利が市民一般に保

障されるならば、マスメディアもそれを利用して情報を収集し、それを社会全体に報道することが可能となるはずである。(4)

最高裁判所の判例も、知る権利のうち、第一の要素、つまり市民が自由に情報を受領する権利が、憲法二一条によって保障されることを認めている。いわゆる博多駅事件決定で最高裁判所は、「報道機関の報道は、民主主義社会において、国民が国政に関与するにつき、重要な判断の資料を提供し、国民の「知る権利」に奉仕する」とし、したがって、報道機関による「事実の報道の自由は、表現の自由を規定した憲法二一条の保障のもとにある」とした。最高裁判所はさらに、第二の要素である取材の自由についても同じ決定の中で、「このような報道機関の報道が正しい内容をもつためには、報道の自由とともに、報道のための取材の自由も、憲法二一条の精神に照らし、十分尊重に値いする」ことを指摘している(最大決昭和四四・一一・二六刑集二三巻一一号一四九〇頁)。

(2)「知る権利」の二つの根拠

市民が情報を自由に受領する権利が保障されるべき根拠として、いわゆる法廷メモ訴訟の最高裁判決は、次の二つの点を挙げている。第一に、「各人が自由にさまざまな意見、知識、情報に接し、これを摂取する機会をもつことは、その者が個人として自己の思想及び人格を形成、発展させ、社会生活の中にこれを反映させていく上において欠くことのできないもの」である。第二に、この権利は「民主主義社会における思想及び情報の自由な伝達、交流の確保という基本的原理を真に実効あるものたらしめるためにも必要」である(最大判平成元・三・八民集四三巻二号八九頁)[5]。第一点は、市民が個人として自らの人格を形成・発展させる上で、知る権利が不可欠であることを指摘するものであり、第二点は、民主主義という統治システムを自由な表現活動が支えており、その表現活動を実質化する上で、知る権利が果たす役割の重要性を指摘するものである。

このうち、政府にその保有する情報を公開するよう求める権利をも直接に支えうる論拠となりうるのは、第二の理由であろう。市民が政治のあり方について理性的に討議し、判断するためには、政府の保有する情報をできるかぎり市民に公開すべきだという議論には説得力がある。政府が重要な情報を独占している状況下で、正常な民主政治はありえない。「人民が情報を持たず、情報を得る手段もない民主政治は、喜劇か悲劇を、おそらくはその両方を導く。知は無知を永遠に支配する。自治を獲得しようとする人民は、知識の与える力で武装すべきである」というマディソンのことばがしばしば引用されるのも、この文脈においてである[6]。

情報公開法第一条は、さきにも述べたように、「国民主権の理念にのっとり」、政府の「諸活動を国民に説明する」政府の責務が全うされるようにするとともに、「国民の的確な理解と批判の下にある公正で民主的な行政の推進に資すること」を法の目的として宣言している。これは、民主主義を支える市民の自由な討議や判断の能力を実質化するものとして知る権利を根拠づける議論と重なりあう。マディソンの時代と異なり、現代国家はその活動領域がはるかに広がり、社会生活のあらゆる局面に影響を及ぼしている。健全な民主主義の運営のためには、狭い意味での「政治」に関わる情報が市民に伝えられるだけではなく、しばしば幅広い裁量をもって社会に広範に介入する「行政」のあり方についても、その透明性が要求される。現代の市民生活に直接影響を及ぼすのは、「政治」よりはむしろ「行政」であることが多い（後述第二節(2)参照）。

これに対して、個々の市民が自分自身の利益に役立ちそうだから、政府が保有している情報を公開してほしいと主張したとしても、それ自体としてはさほど強い理由づけにはならないであろう。この主張が成り立つためには、問題となっている個々の市民の利益が、たとえば公正な裁判を受ける必要性や生命・健康への重大な危険の回避のような、特に保護にあたいする利益であることが必要であると思われる[7]。政府の役割は、第一次的には社会全体の利益（公共の福祉）の増進にあり、個々の市民の利益をはかることではないからである。

もっとも、情報公開法の第三条は、「何人にも」その理由を問わず、行政文書の開示を要求する権利を与えており、必ずしも、日本国民が公益目的で開示を請求することを、開示の要件とはしていない。請求の窓口で実質的な請求者の国籍や請求の意図を審査することは困難であろうし、私的な利益追求の意図にもとづいて、日本国籍をもたない個人や法人が開示を請求したとしても[8]、その結果、情報が社会全体に伝達されることで、結局、公正で民主的な行政の推進に役立つと考えられる。また、日本政府が国際社会に広くその保有する情報を発信することにも相応の意義があると考えられよう。

(3) 情報公開請求権は憲法上保障された権利か？

(1)で述べたように、政府の保有する情報の公開を求める権利も知る権利の一要素といわれることがあるが、この権利は憲法から直ちに導かれ、裁判所を通じてその実現を要求しうる権利といえるであろうか。法廷メモ訴訟で問題となった「裁判の公開」のように、憲法上、情報の公開を命ずる特別の規定がある場合は話は別であるが、一般的に政府保有情報の開示を請求する権利が憲法から直接に導かれるか否かについては、これを否定する見解が支配的である[9]。アメリカ合衆国でよく使われるきまり文句でいえば、表現の自由を保障する「第一修正は、情報自由法(Freedom of Information Act)ではない」[10]。日本にあてはめていえば、情報公開法(地方公共団体でいえば、情報公開条例)という具体的な法律が存在しないとき、憲法二一条から直ちに政府の保有する情報の開示を求める権利を導き出すことはできないということになる。

しかし、政府保有情報の開示について憲法は何の要請も含んでおらず、この問題は完全に立法府の裁量に委ねられているのかといえば、必ずしもそうではない。憲法から直ちに政府保有情報の開示請求権は導かれないという主張を支える根拠を検討することで、この主張の射程と限界を明確化することができる。

この主張の根拠としては、二つのものを挙げることができる。第一に、イェール大学の教授であった故ビッケル氏の議論をとりあげよう。彼は、報道機関と政府の権力の適切な均衡を達成するためには、政府にはその保有する情報を公開しない権限が認められるべきだとする。かりに、政府がその保有する情報を公開せず、しかも報道機関の活動を検閲制度などによって阻害する権限を持つとすると、政府の権限はあまりにも強大となり、その濫用のおそれも大きくなる。他方、報道機関の自由な活動が認められ、さらに政府がその保有する情報を公開する義務を負うとすると、逆に報道機関の持つ私的権力があまりに強大になり、その濫用のおそれがある。したがって、ビッケル教授によると、報道機関には自由な表現活動を認めた上で、政府には情報を公開する義務を課さないという組合せが、二つの権力の均衡をとる上で適切な仕組みだということになる。[11]

この議論には一見もっともらしいところがあるが、実際にこのような組合せによって適切な結果が生まれるか否かは、経験的に確認されるべき問題である。[12] 近年の日本の状況に照らして、薬害エイズ事件や、高速増殖炉「もんじゅ」の事故における情報の取扱い方をみると、政府や公共機関に、その保有する情報の公開義務を課さない制度が、適切な均衡をもたらしているとは言いがたいように思われる。また、たとえビッケル教授の提唱する制度上の仕組みによって適切な均衡が生まれるとしても、それはせいぜい長期的に見た傾向にすぎない。薬害エイズ事件やもんじゅの事故のように、個別の重大な事件が生じた場合に、政府の保有する情報をその事件に限って公開すべきかという論点は、長期的な均衡の問題とは独立に生じうる。

政府保有情報の公開請求権が憲法からただちに導かれないとする第二の根拠は、裁判所の能力の限界に着目するものである。[13] 政府保有情報の公開を求める権利は、市民や報道機関の活動に対する政府の干渉を排除する権利とは異なり、政府の側の積極的な作為を求める権利である。この種の権利については、限られた人的・物的資源の中で政府がどのような行動を具体的にとるべきかを、裁判所が全く何の基準もないところから的確に指定することは困難である。

情報公開はたしかに望ましいものであるが、そのことからは、政府の保有するあらゆる情報をあらゆるコストを無視して開示すべきだという結論は導かれない。個人のプライヴァシーにかかわる情報や、私企業の営業上の秘密にかかわる情報、犯罪の予防や捜査の必要から秘密が要請される情報など、公開すべきでない情報が存在することもたしかである。また、情報公開の前提となる文書の管理や保存について各機関がいかなる義務を負うかも、憲法の条文に広く受け入れられた社会科学上の知識をかけあわせれば、ただちに判明するわけではない。さらに、情報の公開を要求する市民に費用の負担を要求すべきなのか、それとも税金によって、つまり市民全体が公開に要する費用を負担すべきかも、簡単には答えは出ない。これらの点については、少なくとも判断の出発点となるべき一般的にあてはまる具体的基準があらかじめ定められるべきであり、全国各地の裁判所が個別の事件を審理・判断する過程でそれぞれ独立に判断すべき事柄とはいいにくい。このような一般的な基準が存在しない状態で、情報公開を求める大量の事件を、裁判所が処理しうるかという問題もある。したがって、政府保有情報の公開を裁判所を通じて実現するためには、情報公開に関する立法が必要だということになる。

この第二の理由には、たしかに説得力がある。しかし、この理由からは、政府保有情報の公開を政府に義務づけるには、具体的な立法が必要だという結論は導かれるが、いったんそのような立法が定められた場合にも、憲法上の要請を考慮する必要はないという結論までは導かれない。このことは、同じように、政府の積極的な作為や制度の創設が権利保護の前提となる、生存権や経済的自由と対比することで明らかとなる。

憲法二五条の保障する生存権も政府の積極的な作為を要求する権利であり、それを実現する具体的な立法措置がなされない限り、憲法の条文を根拠に直接裁判所に具体的な給付を請求することはできないと考えられている。しかし、通説である抽象的権利説によれば、いったん具体的な立法措置がなされれば、その解釈適用においては憲法上の要請を考慮する必要がある。また、生存権を保障する具体的な立法の体系がいったん構成されると、その存在を前提として、その後の立法活動はすすめられるべきこととなり、たとえば特定のカテゴリーの人についてのみ給付を否定する法制度を作ることが、憲法上の平等権の保障に反すると判断されることもありうる。(14)

他方、憲法二二条一項および二九条の保障する経済的自由は、消極的自由の典型と通常考えられているが、これも実は政府の積極的な制度の設定を前提としてはじめて成り立つ権利である。各国の実定制度を離れて、万国普遍の財産制度が天然自然に存在するわけではない。民法も商法も存在しない全くの更地から、何が憲法上保障されるべき経済活動の自由であり、財産権であるかを裁判所が判断することはきわめて困難であろう。しかし、現実には経済活動や財産権のあり方を定める詳細な法令の体系が存在している。そしていわゆる森林法違憲判決に見られるように、それを前提として、裁判所はある立法が法制度によって保障されている財産権の核心を侵害しているという理由で、憲法の要求する財産権のあり方と矛盾するという判断を下すことができる(最大判昭和六二・四・二二民集四一巻三号四〇八頁)。(15)

つまり、裁判所を通じて政府保有情報の公開を請求するために立法が必要であるとしても、いったん情報公開法をはじめとする具体的法令が定められれば、①憲法上の要請はその法令の解釈において考慮されるべきであるし、②立法化された権利のうち中核的な部分が立法府や行政府によって適切な理由もなく縮減された場合に、それが憲法に違反すると判断される余地は十分ある。したがって、憲法上の要請と無関係に立法府が思うがままに情報公開法を創設し、それを行政府が憲法から自由に運用できるというわけではない。

州憲法に「知る権利(right-to-know)」条項を持つアメリカのモンタナ州では、州法上、政府機関の保有する情報の公開が制限されていても、憲法を根拠に裁判所がその公開を命ずることができるとされている(Bozeman Daily Chronicle v. Bozeman Police Department, 260 Mont. 218, 859 P. 2d. 435 (1993))。憲法二一条が「知る権利」を保障しているとされる日本においても、同様の判断がなされる余地はあろう。

三　国民主権と政府の説明責任

情報公開法は、「国民主権」をその理念として掲げる。前に触れた行政改革委員会の意見は、「我が国は、議院内閣制を採用し、内閣が行政権の行使に対して責任を負うものであるが、行政機関が国民に対する関係で説明責任を全うする制度を整備することは、現行憲法の定める統治構造の下において、憲法の基礎である国民主権の理念にのっとった国政の運営を一層実質的なものとすることに資するものである」とする。[16] ここで言及されている「説明責任」は、英語の accountability の訳語として最近定着したもので、「行政が主権者たる国民に対して、いかに行政を行っているかを説明する責務」として理解されている。[17] 一応の出発点としては、この理解で十分であろう(政治責任との異同については、後述(2)参照)。国民主権の理念にのっとった国政の運営の実質化にとって、行政機関の国民に対する説明責任はいかなる意味を持つであろうか。そして、行政機関の説明責任と内閣の負う責任とはいかなる関係に立つであろうか。

(1) 国民主権

国民主権とは、国の政治のあり方を最終的に決定する力または権威が国民に存することを意味する概念として通常理解されている。[18] 情報公開制度が「国民主権の理念にのっとった国政の運営を一層実質的なものにする」がゆえに正当化されるのであれば、情報公開が正当なのは、国民主権が正当であるからである。ところで、国民主権にのっとった国政の運営はなぜ正当化できるのであろうか。いくつかの考え方を理念型として整理することができる。

まず、政治が実現すべき「公益」は何らかの形で客観的に判定可能だと考える共和主義(republicanism)にもとづいて国民主権にのっとった国政運営を理解する考え方がある。たとえばコンドルセの定理によると、各市民が十分な情報にもとづいて独立に判断し投票するならば、投票に参加する市民の数が多ければ多いほど、多数決の結果が正しい答えを出す蓋然性が高まる。[19] もちろん、政治的な問題について予め定まっている答えをこうして機械的に算出できるという極端な想定をする必要はない。多くの人々がそれぞれの情報と知恵とを持ち寄り、率直に討議することではじめて何が正しい結論かが次第に解明されていくというのがむしろ現実の政治の姿に近いであろう。このように、妥当な政治決定にいたる手段として、理性的な討議(deliberation)の役割を重視する立場からしても、参加者が十分な情報を与えられた上で討議に参加することが要請されるはずである。行政の説明責任は、理性的討議にもとづいた正しい決定へといたるために重要な要素となる。以上の二通りの考え方は、いずれも、十分に情報を得た市民が社会全体の公益について慎重に審議した上で多数決で決定する結果、真の公益を実現する蓋然性が高まるという点に着目して、国民主権を正当化するものということができる。

これに対して、政治の世界では「正解」が何かは事前にも事後にも客観的には判断できず、多数の利益集団が政治過程において競合し妥協した結果を民主的政治過程の帰結として受け入れるしかないという政治的多元主義(pluralism)の立場もある。ただ、この立場からしても、民主的政治過程が各利益集団の資金や規模などの力の不均衡によって歪められない広く開かれた公正なプロセスであることが望まれるはずである。情報公開を通じて、必ずしも強い政治力を持たない利益集団も、関連する情報を入手しうる環境を整えることは、したがって、単に民主的政治過程の手続的公正さを標榜するにとどまる立場とも整合することになる。(20)

以上で簡単に描写したいずれの立場からしても、国民が政府の活動について的確な理解を持つことが、国民の国政への参加が適切な結果をもたらすために不可欠であるという帰結主義的な理由づけから、政府保有情報の公開が根拠づけられることになる。国会での大臣の答弁や審議会の報告書、各官庁の白書などは、政府の保有する情報を、政府にとって有利な形で事態を描写しうる形で「選択的」に提供することが多いであろう。情報公開法制には、政府の「選択」しなかった情報をも国民に提供することで、政府による積極的な情報提供による情報の「歪み」を正す機能が期待できる。

もっとも、以上のような国民主権の背後にある正当化根拠は、通常さほど人々に意識されているわけではない。「政治家は選挙を通じて有権者に選ばれているのであるから、官僚ではなく、政治家が政治の主導権を握るべきだ」というよくなされる議論の背後にあるのは、選挙を通じて選ばれた人間は、そのこと自体によってカリスマを得ており、したがって国民の信従を調達しうるという事実上の側面に着目した想定である。[21] しかし、国民主権の原理が、有権者の多数がそう考えるからという単純な理由で国政を左右しようとするほど権力の「由来」のみに執着する硬直的原理であれば、なぜそれが尊重にあたいするかは疑問となる。そもそも、官僚に実質的な決定の多くを任せてきた政治家が今まで有権者に選ばれ続けてきたという実績からみれば、国民は自ら主導権を握る政治家ではなく、むしろそうした政治家をこそ信任してきたという結論を導くことも可能であろう。少なくとも長期的には国民の国政参加がよりよい政治をもたらすという帰結にも着目する原理であるからこそ国民主権は尊重にあたいするはずである。

(2) 説明責任

説明責任という概念は、日本では情報公開法制定の動きに伴って急速に普及した。政府の活動に関する責任としては、従来は政治責任という概念が議論の対象とされてきた。説明責任が政治責任と異なる概念として登場したことにいかなる意義を見出すことができるであろうか。

説明責任(accountability)と政治責任(responsibility)とは、それぞれ多様な意味で用いられ、互換的に用いられることも少なくない。ここでは、両者をかりに以下のように定義して両者の機能の違いを検討することにしよう。政治責任とは、適切に遂行すべき職務を担い、なすべき職務の結果がおもわしくなければそれについて非難を引受ける（場合によっては辞職する）という意味での責任であり、説明責任とは、一定の職務について説明すべき権限と義務とを排他的に引受け、違法・不当な業務の遂行について(必ずしも非難を受けることなく)適切な事後処理を行う責任である。[22]

さて、イギリスや日本のような議院内閣制国家では、この二つの責任は一致するものとして捉えられてきた。大臣はその指揮監督に服する行政事務について、議会に対し、それを通じてさらには国民に対して説明する責務を負っており、それは違法・不当な事務遂行がなされた場合に、それに関する政治責任を負って辞職する責任と対応していた。もちろん、大臣が、指揮監督するはずの行政事務のすべてについて十分に把握し、コントロールするものと期待することは現実的とはいえず、この建前はかなりの程度までフィクションに立脚したものと見ることができる。

しかし、イギリスにおいてもいわゆるエイジェンシー制の導入とともに、説明責任と政治責任とが建前のレベルにおいても乖離をはじめている。政策の企画・立案とそれにもとづく業務の実施とを区別し、後者を一定の自律性を保障されたエイジェンシーに委ねるという制度の下では、大臣は議会に対する説明責任はなお負うものの、具体的な業務の実施をコントロールすることができない以上、それに関する政治責任を負いうる立場にはない。同様の状況は、独立行政法人が導入される日本においても、近い将来、発生するであろう。[23] 説明責任の独立の意義が明らかとなるのは、このように、何らかの事情によって政治責任と説明責任との乖離が浮き彫りになることによる。

アメリカ合衆国において、情報自由法が導入された経緯においても、同様の状況を観察することができる。通常の意味における「立法府」である議会が実際に市民生活に関わる法の制定をほとんど独占した古典的状況の下では、議会の活動を監視し、それをコントロールすることで、国民主権の理念は相当程度に実現できる。ところが、ニューディールを契機として簇生した多数の独立規制委員会に対し、連邦議会は市民生活に影響を及ぼす立法や紛争解決、規制の実施など広範な権限を与えたため、議会制定法を見ただけでは、政府全体の活動を掌握することは不可能となった。議会は、この状況に対応して、一九四六年に行政手続法(Administrative Procedure Act)を制定し、独立規制委員会による立法や紛争解決が一定の手続を踏むことを要求し、その広範な権限行使の透明性を図ろうとしたが、この試みはさまざまな理由により、期待された成果を挙げることができなかった。高まる批判に応えるため、議会がさらに一九六七年制定したのが、情報自由法(Freedom of Information Act)である。[24]

大統領制をとるアメリカでは、独立規制委員会の活動についても、また大統領を首長とする執行府の諸機関の活動についても、大統領をはじめとする閣僚が議会に対して政治責任を負うことはない。そもそも、独立規制委員会は、その構成員の身分が保障され、執行府とは独立にその規制活動を行う建前がとられている。それぞれ一定の事項について立法・執行・司法の三機能を掌中にする多数の独立規制委員会の活動は、大統領や議員に対する選挙等を通じた働きかけによってこれを実効的にコントロールすることは困難である。そうである以上、これら膨大な政府諸機関の活動を社会に広く開示するにあたって、議会や選挙民に対する政治責任ではなく、説明責任という別の概念が援用されるのも自然である。

ところで、議院内閣制をとる政治体制の下では、議会に対して大臣が包括的に政治責任と説明責任を負う一方、大臣に対して政策の企画・立案に関する助言を与える官僚は無名の存在とされ、いかなる助言を行ったかに関して、官僚の責任が問われることはなかった。今回の日本の情報公開法では、政策形成過程で用いられた文書についても、場合によっては公開の対象とされる（情報公開法五条五号参照）。この種の情報の公開は、議院内閣制の下での責任の分配のあり方についても、根本的な転換を迫る可能性がある。かりに、政策の企画・立案とその実施について、名目上政治責任を持っているはずの大臣が、広い範囲の政府の活動について実質的な指揮監督を行っていない実情がこれによってあらわとなり、大臣への政治責任および説明責任の集中の擬制性が明らかとなるような事態が生ずるとすれば、議院内閣制という政治システムの正統性が揺るがされることになりかねないからである。

もちろん、国民の多くはそうした実態は承知の上で、官僚機構に実質的決定の多くを委譲し、自らは判断も決断もせず、一般的で曖昧な文言に満ちた法律を制定することで満足する政治家をより悪くない（less evil）選択として、選びつづけてきたのだという見方も可能である。もし、実質的決定を自ら下す政治家、予算案なみのこと細かな規定によって構成される法律のみを制定する議会を有権者が求めていたのであれば、選挙での投票を通じて有権者はそうすることができたはずである。こうした観点からすれば、有権者は実質的決定の多くを官僚に委譲しつづける政治家を選任するとともに、政策形成過程の透明化を通じ、実質的決定を行う官僚に説明責任を負担させることで、まさに国民主権を実質化することができることになる。もっとも、これは、国民主権と議院内閣制に関する一般に受け入れられた説明とは大きく乖離した考え方である。

四　今後の課題

以上で述べたように、情報公開法は国民主権の理念をより実質的なものとする上でも、憲法二一条の保障する知る権利を具体化する上でも、画期的な法律である。もっとも、政府保有情報の公開は、このような理想の実現の反面で、さまざまなコストをもたらすおそれがあることにも留意する必要がある。[25] 制度を運用する上で直ちに必要となる人員や経費・時間といった直接的なコストに加えて、国の防衛や公共の安全、政策決定過程での自由闊達な議論や率直な助言、個人のプライヴァシーや知的財産権をはじめとするさまざまな権利保障を損なうおそれなど、さまざまな派生的コストと政府の説明責任の実現という便益とを調整すべき場面は少なくない。

さらに、より目に見えにくいコストとして、政府の活動の公開性が増し、細部にいたるまで批判にさらされる可能性があることが、リスクを回避して安全策に退行する事無かれ主義を助長し、新規の提案や活動の抑制につながるおそれもある。政策形成過程を記録として残すことが意図的に抑制されることで組織としての活動の「記憶」が失われ、一貫した意思決定が困難となるおそれもある。固有の伝統を継承しえない組織は健全な組織とはいえないであろう。また、制度の間隙をぬって、会議の前の準備会、帳簿と別の裏帳簿、正規の機関と異なる私的組織の利用といった抜け道が拡大する可能性もないわけではない。さらに、政策決定過程の公開性が増すにつれて、政府は、政府・与党に好意的な官僚を政策決定の中枢に配置することで、外部からの追及に対抗しようとする可能性もある。その結果、官僚の政治的中立性という伝統的価値は徐々に掘り崩されることとなろう(26)。

以上のような対抗する諸価値による限界に加えて、情報公開法の価値はいわば外側から限界づけられる可能性もある。国の行政機能があるいは地方分権の理念にもとづいて地方公共団体に委譲され、あるいは行財政改革の理念にもとづいて政府から独立した事業体に委ねられていくならば、中央政府に関する情報公開の意義はそれにともなって当然縮小することになる。地方公共団体や法律によって設立される特殊法人については、なお情報の公開の要求が、民主主義にもとづいて正当化されうるであろうが、従来、行政の担っていた役割が民間企業に委ねられた際には、たとえ行政に監督権限が残るとしても、その運営の透明性は低下することが予想される。

政府の説明責任および公正で民主的な行政の実現は、政府の活動が目指すべき徳目の一部に過ぎず、他のあらゆる価値を排除してまで貫徹されるべきものではない。本節で述べたようなコストが過剰に強調される危険にも注意すべきであるが、情報公開の促進を目指す運動は、もし責任ある運動であろうとするならば、同時にそれがもたらすさまざまなコストの存在および情報公開制度自体の限界にも留意し、政治制度とその運用の全体としての改善に向けた検討に努めるべきであろう。

注

(1) たとえば右崎正博「情報開示請求権と『知る権利』——情報公開法の憲法的基礎づけをめぐって」右崎正博・田島泰彦・三宅弘編『情報公開法』二二頁以下(三省堂、一九九七)、棟居快行「開示請求権の位置づけについて」ジュリスト一一〇七号二四頁以下(一九九七)など。これに対して、阪本昌成「情報公開法要綱案(中間報告)を読んで」ジュリスト一〇九三号二八頁(一九九六)は、「知る権利」を法文中に明記するか否は「重要な視点ではなく」、「右用語を法文中で明記するかしないかによって、公開・非公開の範囲に違いが出てくるとも私には思われない」と述べる。

(2) 「情報公開法要綱案の考え方」行政改革委員会事務局監修『情報公開法制——行政改革委員会の意見』一五—一六頁(第一法規、一九九七)。この間の経緯については、同書六七—七〇頁での「論議において述べられた主要な意見」の紹介のほか、宇賀克也「情報公開法要綱案の比較法的検討」法学協会雑誌一一四巻一二号一四六四—一四六五頁(一九九七)をも参照。

(3) 以上、知る権利については、芦部信喜『憲法学Ⅲ』二六一—二七三頁(有斐閣、一九九七)およびそこで掲記された諸文献を参照。

(4) もっとも、すすんで表現しようとする者(willing speaker)がいないにもかかわらず情報を獲得する権利を「表現の自由」の保障の中に読み込もうとするのは、この概念の歪曲であるとする批判がある(Eric Barendt, *Freedom of Speech*, p. 26 (Clarendon Press, 1987))。ただし、これに対しては、政府の保有する情報に関する限り、表現する主体(政府)の利益よりも情報の受領者(国民)の利益をより重視すべき理由があるとの反批判がなされている(Peter Bayne, Freedom of Information and Political Free Speech, in *Freedom of Communication*, eds. by Tom Campbell and Wojciech Sadurski, pp. 204-207 (Dartmouth, 1994))。

(5)　ほぼ同旨の判旨は、これより前にいわゆる「よど号」新聞記事抹消事件の最高裁判決(最大判昭和五八・六・二二民集三七巻五号七九三頁)にも見ることができる。

(6)　Letter to W. T. Barry, 4 August 1822, quoted in Environmental Protection Agency v. Mink, 410 U. S. 73 (1973) (Douglas, J., dissenting).

(7)　イギリスにおける訴訟当事者の文書開示請求権と政府の主張する公益との対立とその解決について紹介するものとして、A・A・S・ズッカーマン「公益を理由とする情報の不開示」法学協会雑誌一一四巻一二号(一九九七)がある。

ところで、公正な裁判を受ける必要性と公益を理由とする情報の不開示の要請が衝突する場面は、政府保有文書の開示をめぐる紛争の中でも生じうる。具体的な文書の開示請求の可否を判断する際、裁判所が憲法上の要請を貫きうるためには、まずその公文書を提出するよう行政機関に命令する権限を裁判所が持つ必要がある。しかし、問題となった公文書が法廷に提出されると、憲法八二条が裁判の公開を要求しているため、実際上、公文書が公開されたと同様の結果が生ずる。行政機関の非公開の決定が適法であるか否かを裁判所が審査するためには、したがって、裁判所のみが当該文書を閲読しうる制度が必要となる。憲法八二条によって公開を要求される「対審」とは口頭弁論を指すと考えられており(芦部信喜『憲法』新版補訂版三一七頁(岩波書店、一九九九)、伊藤正己『憲法』第三版五七二頁(弘文堂、一九九五)、佐藤幸治『憲法』第三版三一五頁(青林書院、一九九五)など)、必ずしも口頭弁論によることを要しない決定手続で審理される文書提出命令については、そもそも公開の要請が及ばないと考える余地さえあることからすると、裁判所のみが文書を閲読し、提出の可否を審査しうる制度も、必ずしも憲法による裁判の公開の要請に反するものではないと考えられる。

(8) アメリカの情報自由法の下での経験では、開示請求者の五〇―六〇%は競争相手の情報を得ようとする事業者であり、二〇―二五%が一般公衆、マスメディアは五―八%を占めるにすぎないといわれる(Patric Birkinshaw, *Freedom of Information*, 2nd ed., p. 57 (Butterworths, 1996))。

(9) 芦部・前掲注(7)『憲法』一六一頁、佐藤・前掲注(7)『憲法』五一六頁など。

(10) Cass R. Sunstein, *Democracy and the Problem of Free Speech*, p. 105 (Free Press, 1995).

(11) Alexander Bickel, *The Morality of Consent*, p. 80 (Yale University Press, 1975).

(12) Sunstein, supra note 10, at 106.

(13) E. g., Sunstein, supra note 10, at 106–107.

(14) たとえば東京地判昭和四三・七・一五行集一九巻七号一一九六頁〔牧野訴訟一審〕参照。

(15) 森林法違憲判決については多くの研究があるが、ここでは安念潤司教授による興味深い分析「憲法が財産権を保護することの意味」長谷部恭男編著『リーディングズ現代の憲法』第七章(日本評論社、一九九五)とそれを受けた、拙稿「それでも基準は二重である!」憲法理論研究会編『人権保障と現代国家』四四頁以下(敬文堂、一九九五)の参照を乞う。

本文で指摘した問題は、アメリカ合衆国の憲法学説で「違憲の条件 unconstitutional conditions」という題目の下で検討されている一群の問題と同じ類型のものである(e. g., Kathleen Sullivan, Unconstitutional Conditions, 102 *Harvard Law Review* 1413 (1989))。たとえば、政府が若手芸術家の育成を目指して助成金を支給する場合、申請者の政党所属や信仰を基準として助成額を左右するようなことがあれば、憲法違反となることは免れ難いであろう。そもそも一切助成しないことも可能だったという前提から、助成する際にはいかなる条件でも付加することが可能だという結論は導かれない。財政上の制約を考慮せざるをえないという事情からも、いかなる条件付加も可能とするような広範な裁量を導くことはできない。この理論は、政府による助成、契約、免許などの積極的な行為を憲法的に制約する手立てを与える。なお、この種の問題を「違憲の条件」として概括する理論に疑義を示すものとして、Cass Sunstein, *The Partial Constitution*, ch. 10 (Harvard University Press, 1993)を参照。

(16) 前掲注(2)『情報公開法制』一四—一五頁。

(17) 宇賀克也「行政と市民の関係の変革」法学教室一九一号五頁(一九九六)および藤原静雄「比較のなかの情報公開法要綱案」法律時報六九巻一号二七頁(一九九七)参照。ただし、「説明責任」は情報公開法が要求する「情報の提供」だけではなく、行政の遂行について「説明 explain」し、場合によっては「正当化 justify」する責務をも含む。単に情報を公開するにとどまる責務は、したがって「説明責任」の一部を構成するにすぎないことに注意を要する。

(18) 芦部・前掲注(7)『憲法』四〇—四一頁。

(19) この点については、さしあたり拙稿「多数決の「正しさ」とコンドルセの定理」国際人権七号一九頁(一九九六)参照。なお、とりあえずの説明としては、本書に収められた「プロムナード その３」参照。

(20) Cf. Martin Shapiro, *Who Guards the Gurdians? Judicial Control of Administration*, pp. 8–10 (University of Georgia Press, 1988).

(21) 大衆社会における民主的政治家に備わるこうしたカリスマ性は、マックス・ウェーバーがつとに指摘するところである。彼の『職業としての政治』脇圭平訳(岩波文庫、一九八〇)参照。

(22) これは、Dawn Oliver & Gavin Drewry, *Public Service Reforms*, p. 13 (Pinter, 1996)で示された定義で

ある。このような理解からすれば、当然のことながら、responsibility の及ぶ範囲より、accountability の及ぶ範囲の方が広がることになる(Eric Barendt, *An Introduction to Constitutional Law* (Oxford University Press, 1998), p. 123)。なお、responsibility のさまざまな意味を解説する Richard Mulgan, Responsibility, in *The Blackwell Encyclopaedia of Political Science*, ed. by Vernon Bogdanor, pp. 535–537 (Blackwell, 1987)を見よ。

(23) イギリスのエイジェンシーおよび日本の独立行政法人については、さしあたり拙稿「独立行政法人」ジュリスト一一三三号九九頁以下(一九九八)参照。なお、イギリスでのエイジェンシー制導入が二つの責務の区別を要請した点については、Birkinshaw, supra note 8, at 151–152 参照。

(24) Cf. Marc A. Franklin & David A. Anderson, *Mass Media Law*, 5th ed., p. 530 (Foundation Press, 1995).

(25) Birkinshaw, supra note 8, at 49.

(26) Barendt, supra note 22, at 127.

*本稿の執筆にあたっては、筆者の旧稿「知る権利——情報公開の問題を中心として」法学教室一八九号(一九九六)を利用していることをお断りしておく。

プロムナード　その7

この作品はフィクションであり、実在する人物・団体とは関係がありません。

ある日、新聞のテレビ欄を見ていると「現役東大院生の明智小五郎」が登場するドラマが当日放送されることがわかった。「現役女子高生」という言い方はしばしば耳にするが、これは「元女子高生」というさして珍しくもない存在と区別するために用いられるのであろう。「現役東大院生」は何と区別するために用いられるのであろうかという疑念にかられてついつい二時間ドラマを見てしまった。ドラマ自体は「あれ、まだ十時前のはずだがなぁ」といった内容のものであったが、最後に出たテロップ(ドラマをよくみる人にとっては珍しくもないのであろうが)に筆者は衝撃を受けた。つまり、このドラマで言及されていた「東大」なるものは実在の東京大学とは関係がなかったわけである。

ドラマがフィクションなのは当たり前である。しかし、徹頭徹尾フィクションのみからなるドラマなるものは想像しにくい。現実の世界と多少とも連結点があるからこそ、ドラマ特有の魅力と緊迫感とが生まれるはずである。「東大」が実在の東京大学と関係がないというぐらいであればまだ思考の整理がつくが、ドラマで出てくる「警視庁」が実在の警視庁と関係がないとなると、この「警視庁」とは一体何者であるかについて一通りの説明があってしかるべきであろう。「警視庁」に属する「刑事」なる身分の人々は「殺人の容疑者」なる身分の人々を実力を行使しつつ捕縛することが当然のようにできるのであろうか。

さらに、ドラマに「千円札」が登場するとすると、それも実在の千円札とは関係がないのであろうから、これが一体何なのかの説明が必要となる。それとも「千円札」は通貨であって人物でも団体でもないから実在の千円札と関係があるのだろうか。しかし実在の千円札は日本銀行なる団体が発行する銀行券である。ドラマの中の「千円札」もドラマの中で暗黙のうちに想定されている「日本銀行」が発行する銀行券なのだとすると、この「日本銀行」はやはり実在の日本銀行とは関係がないはずである。実在の日本銀行と関係のない「日本銀行」が発行した「千円札」はやはり実在の千円札とは関係がないであろう。

神話のミダス王は、触れるものがことごとく金に変わったそうである。ドラマに登場するものごとは、果たしてあらゆるものをフィクションに転ずる末尾のテロップの力に抗してリアリティを幾分でも保つことができるであろうか。「千円札」の例からもわかるように、それはきわめて難しいように思われる。早い話が日本という国家もアメリカ合衆国やフランスなどと同様、日本国民によって構成される一つの「団体」である。それもドラマに登場した途端、実在の日本とは関係がなくなってしまうのであれば、実在の日本を舞台とするドラマ自体が不可能になる。日本の国立大学である東京大学も、東京都警察の本部である警視庁も、日本の通貨である千円札も実在のそれらと関係ある存在としてはドラマには登場しえない。多少ともリアリティを保ったドラマはもはや不可能である。そしてリアリティの完全に欠如したドラマは、ドラマではありえない。

もっとも、リアリティが欠如するのは末尾のテロップによって自分自身の実在性を根本的に抹消しつくす世のテレビ・ドラマには限らないかも知れない。この問題への回答は「実在するものとは何か」という問いに対する答えに依存している。このプロムナードでたびたび登場するジェレミー・ベンサムは、「実在」の根本にあるのは「快楽」と「苦痛」の二つの感覚であると考えた。他の感覚や感情、思想・理論・概念のすべては、この二つの感覚に関連づけられる限りにおいて「実在」性を獲得する。法律学で扱う概念でいえば、「権利」や「義務」という概念はきわめて抽象的で、それ自体としては快楽や苦痛と直接の関連はなさそうである。しかし「ＡはＢに対して百万円支払う義務を負う」という命題を裁判官が発した場合には、その通りにしないとＡはいずれ執行を受けて家財を強制的に競売に付され、悲しい目にあう(苦痛を味わう)。したがって、権利や義務という概念も、裁判所をはじめとする国家機関による執行を前提とする限りにおいては「実在」性を持っており、それに伴って「裁判所」をはじめとする国家機関も実在性を認められることになる。これとパラレルに考えるならば、「東京大学」なるものも、それに「入学」できたり学内試験で「優」をもらうと「快楽」が得られ、入試に失敗したり「留年」したりすると「苦痛」を味わうという限りでその実在性が認められ、少なくともこれらの試験に関与する限りで「東大教授」も実在するということになるであろう。逆にいえば、人々の快楽にも苦痛にも関わらない全くの抽象的存在、たとえば実定法を超えた「自然権」という概念は、ベンサムに言わせれば「おおげさなナンセンス」に他ならないということになる。

ただ、このように各人の快楽と苦痛とにものごとの実在性を依存させると、何に快楽や苦痛を感ずるかは人によって異なりうるため、人によって何が実在するかが異なることになりかねない。もちろん、それで全く問題はないという立場もありうる。「東京大学」が実在するのは、そのように多くの人々が思い込んでおり、しかも多くの人々が「東京大学」の活動に一喜一憂するからである。「東京大学」など聞いたこともないという人からすれば、「東大教授」たる筆者の講義も妙な中年男が妙齢の男女を相手に妙な話をしているように見えるだけであろう。

それどころか団体や機関に限らず「個人」についてもその実在性を当然のように考えてよいのかという疑問が浮かぶ。ある種の仏教教理によれば「私」なるものは存在しない。存在するのはさまざまな感覚、感情、考えなどのその時々の継起にとどまり、それらを産出する主体である「私」が存在すると思うのは単なる気の迷いである。存在しない「私」は生まれることも死ぬことも、快楽や苦痛を味わうこともない。ましてや輪廻転生することもない。快楽や苦痛は実在するかも知れないが、それらを感ずる「私」の存在を前提とする必要はないわけである。不必要な存在者は切り捨てられるべきであろう(この点については、森村進『権利と人格』(創文社、一九八九)参照)。

「実在」と「フィクション」の境界は流動する。しかし、最低限何らかの「実在」はなければ

「フィクション」という概念自体が無意味となる。たとえ筆者は実在しないとしても、ドラマを見ることで生まれた「あれ、まだ十時前のはずだがなぁ」という思いは最低限「実在」する。ここまで読み進まれた方の「あれ、これで終わりかぁ」という思いが実在するように。

第八章　多チャンネル化と放送の自由

本章では、放送の自由の意義と多チャンネル化の下でのその変容の可能性について検討する。放送の自由を考えるにあたっては、第一にそこで問題となる「放送」とは何か、第二にそれが「誰のための、何からの」自由かを論ずる必要がある。これらの問題を考えるためには、メディア全体の中において放送が占める地位と役割、放送サービスの公共的側面と経済活動としての側面を広く展望しなければならない。

一　「放送」とは何か

日本では、法制上、「放送」は、「公衆によって直接受信されることを目的とする無線通信の送信」として定義され（電波法五条四項、放送法二条一号）、このように送信手段と対象および目的によって定義された「放送」について、広汎な構造上および内容上の規制が課されてきた。自由とは規律の反面であるから、放送の自由を考えるにあたっても、規律の対象となる放送とは何かが重要となる。

ただ、実際には、放送に関する規律は、次に述べる総合編成型の放送、つまり広告または受信料を財源としつつ、社会生活に必要な基本的情報を社会全体に公平かつ低廉に提供するサービスを想定していたと思われる。このため、このような放送が今後、いかなる形で存続しつづけるかが、放送の自由の将来を考える上で核心的な論点となる。

総合編成型の放送が法的規律の対象として想定されてきた背景には、このサービスが持つ経済的な特質があると考えられる。従来の放送は、純粋な公共財としての性格を持ってきたからである。つまり、放送には市場で取引される通常の財の持つ消費の競合性と排除性とがない。ある人がテレビを見たからといって、他の人が同じ番組を見ることができなくなるわけではなく、また、いったん放送を開始すれば、放送対象地域に住む人はすべてそれを視聴することができる。さらに、放送サービスの限界費用(視聴者がもう一人増えたときに放送事業者が負担するコストの増加分)は、他の多くの情報サービスと同様にゼロであり、したがって、視聴者にはただで放送することで、社会全体の厚生は最大化するはずである。広告を財源として、視聴者に対しては課金しない従来の放送サービスには、経済的な根拠があることになる。(1)

放送対象地域に同一内容の番組を同時に、そして低廉に提供する放送サービスは、人々の享受する情報内容を平等化し、情報較差を縮小する。毎日多数の情報が行き交う社会は、個々人にとってむしろ必要な情報を選択するコストを増大させる。社会生活を送る上で多くの人が知りたいと考える基本的情報を、放送を通じて提供することは、したがってきわめて有益である。自分の知る情報を自分の知人・友人も共有しているという前提があるからこそ、われわれはその情報について気楽に、あるいは真剣に語り合うことができる。ニュース、報道番組のみならず、ドラマやスポーツ中継であっても、多くの人が共通して視聴しているという前提があれば、それが社会生活の基本となる情報に組み込まれる。放送対象地域全体にあまねく情報を低廉に提供する放送サービスは、社会を平等にする力として働く。(2)

ただ、広告料を財源とする放送サービスには、負の側面もある。少数の視聴者のみが視聴を望む番組は、たとえその選好が強いものであっても、費用と収入とが釣り合わないために、放送されない可能性が高い。また、広告主は番組の内容よりはむしろ、視聴者の数と購買力に関心を持つために、限りなく多くの視聴者を求めようとする結果、番組が画一化する傾向や、視聴者を引きつけようとして番組が低俗化する傾向は否定しがたい。

この傾向に対処する一つの方法は、有料放送を通じて、広告料を財源とする放送によっては提供されにくい種類の番組について強い選好(支払い意思)を持つ少数者にチャンネルごと、あるいは番組ごとに代価と交換に放送サービスを提供することである。しかし、この方式では、社会全体にあまねく低廉なコストで同時にサービスを提供するという放送サービスの優れた特質は失われる。(3)

この苦境を切り抜ける一つの方法は、広告市場の圧力から独立した放送事業者を設立し、それに高品質で多様な選好に対応する番組を放送する積極的義務を課すことである。この事業者は、民間の放送事業者が番組の制作・編成にあたって参照すべき「目標」ないし「基準」として働く。視聴世帯全体から広く薄く運営費用の負担を求める、イギリスのＢＢＣや日本のＮＨＫの存在意義の一つはここに求められる。

いま一つの対処の仕方は、番組内容(政治的公平性、青少年保護など)や広告時間などについて放送事業者が最低限遵守すべき制約(消極的義務)を設けることである。もっとも、番組内容に対する直接の制約が有する効果については、後で述べるように、懐疑的にならざるをえない事情がある。

二　誰のための、何からの放送の自由か

放送も表現活動の一種である以上、憲法の保障する「表現の自由」を享受するはずである。したがって、放送に対する広汎な規制がなぜ正当化されるのかという疑問が当然生ずることになる。中でも番組の編集準則は、表現の内容にもとづく規制の一種であり、通常であれば厳格な違憲審査に服し、違憲との結論が出ても不思議ではない。

それにもかかわらず、これら放送固有の規制は、その合憲性が広く支持されてきた。そして、その理由としては、周波数帯の稀少性と放送の特殊な社会的影響力とが挙げられてきた。ただ、いずれも、表現の自由を享受するはずの放送活動に対する規律根拠としては薄弱である。(4)

稀少性は市場で取引される財にはあまねく見られる性質であって、放送に対する規律根拠となるとはいいにくい。また、需要に応じて供給がただちに拡大しないという特殊な意味での稀少性のある財であっても、土地や労働力など、市場で一般的なルールに従って取引される例は多い。特殊な社会的影響力なるものも、たとえば放送と似た総合編成の日刊紙と比べて、放送の影響力が特殊であるとの立証は困難である。家庭内に直接侵入するという点でも、新聞の折り込み広告や郵便受けに投入され

るチラシとの区別は難しい。

筆者は、放送に対する規制は、放送を含むマスメディア全体に関わる問題に対処しようとする試みであり、従来の規制根拠論は、そのような根底にある問題意識を反映してはいるものの、法技術上の便宜のため、画一的処理になじみやすい指標として稀少性と影響力に着目したにすぎないと考える。この議論は、いくつかの要素から構成されている。

第一に、マスメディアに保障される表現の自由をいかにとらえるかという問題がある。表現の自由には二つの側面がある。一つは、個人の人権として保障される側面である。人が自らの人生を構想し自らそれを生きるために不可欠の手段として、自ら考える自由、そして自分の考えを表現し、他の人々とそれについて語り合う自由が保障されなければならない。

他方、表現活動には、社会全体の利益を促進するがゆえに保障される側面がある。自由な言論の場が確保されることで、さまざまな政策の選択肢が提示され、相互の批判を通じてよりよい政治のあり方が描きだされる。生活に必要な基本的情報が、出身や性別、考え方や生き方の違いなどを超えて、社会全体に平等に行き渡る。また、多様な考え方や生き方の存在が知られることで寛容な精神が養われ、異なる世界観との共存の必要が自覚される。多様な生き方の選択肢が提示されることで、個人の自己実現はより容易となる。

マスメディアに表現の自由が保障されるのは、それが社会公共の利益に適うからである。マスメディアは個人ではなく、個人の人権としての表現の自由を享受する理由はない。マスメディアに表現の自由が認められるのは、日々生み出される大量の情報の中から社会生活を送る上で誰もが必要とする基本的情報、つまり個人の自律的な生き方を実質化するために社会のすべてのメンバーに公平に行き渡るべき情報を選びだしてそれを社会全体に提供し、民主的政治過程を支えるとともに、寛容な社会を再生産する機能を果たすからである。そうである以上、マスメディアには、情報源へアクセスする便宜や取材源の秘匿権など、通常の個人には認められない特権を付与する余地があるし、また、逆に社会全体の利益を促進する観点から、個人に対しては認められない制約を加える余地も生まれてくる。(5)

第二に、日本を含めて現代の民主社会において、マスメディアは社会全体に対する情報の送り手という点では特権的な立場にある。我々は社会生活に必要な基本的情報の選択と提供の多くをマスメディアに依存している。大量の情報が生産されればされるほど、マスメディアへの依存の程度は高まるであろう。問題は、この巨大な社会的権力が濫用される危険にいかに対処するかである。情報の送り手が少数のマスメディアの手中にあることから生ずる情報のボトルネックは、あるべき社会の再生産ではなく、特定の政治的傾向や思想的傾向のみを助長し、個人間の公平の理念に反するマスメディアの活動を可能にするおそれがある。「稀少性」という従来の理論が懸念していたのは、むしろ強大な影響力を有する情報源が少数者の手中で濫用される危険であったと解する余地がある。つまり、情報のボトルネック独占の危険がある以上は、物理的な意味での稀少性が緩和されても、それが直ちに規制の必要性を失わせることにはならない。(6)

第三に、放送と新聞とは、稀少性の点でも影響力の点でも区別しにくいにもかかわらず、なお放送にのみ規制を加える従来の法制は、この危険に対処する一つの手段と見ることができる。放送に対する規制により、社会の中の多様な意見を番組内容に反映させることができるし、他方で、規制を受けないプリント・メディアは、放送に対する政府の規制の行き過ぎを批判・抑制し、かつ自由なメディアの本来の姿を示すことで、そこからの逸脱形態である放送規制に、より厳格な正当化を要求する根拠ともなる。つまり、相互の均衡を通じて、マスメディア全体としては、生活に不可欠な基本的情報の社会全体への公平な提供が期待できることになる。[7]

つまるところ、放送を含めたマスメディアの自由は、何よりも豊かな情報を公平に享受すべき市民の「知る権利」に奉仕するために存在する。この自由は、政府の不当な干渉から市民の「知る権利」を守るための自由であるが、また、マスメディアによる私的権力の濫用から市民の「知る権利」を守るための一定の制約を内在させている。

ここで問題となる「知る権利」は、あくまで「市民」の享受する権利であることに留意する必要がある。あらゆる人間には、自己の私的利益を追求する「私人」としての側面と、社会全体の利益を考え、そのために主張し行動する「市民」としての側面がある。基本的情報の公平な提供の枠組みを構想する際に決定的な意味を持つのは「市民」としての関心であり、他人のプライヴァシーなどお構いなしに自分の知りたいことを何でも要求する「私人」の欲求ではない。基本的情報の提供者たるマスメディアは、「市民」の「知る権利」に応える使命を付託されているのであって、あらゆる雑多な欲望や欲求に応えることが要請されるわけではない。マスメディアの自由の一環である編集権が、ここで、重要な意義を持つ。社会から噴出する多様な欲求をそのまま鏡のように反映することではなく、自由で公平な市民社会の維持を構想する「市民」の要請に応えることが、マスメディアの使命である。マスメディアの自由は、社会の「私的欲求からの自由」でもなければならない。[8]

三　多チャンネル化とカルテルの行方

放送への規制は必ずしも好ましい効果のみをもたらすわけではない。状況によっては、規制が利益よりむしろ多くの害悪をもたらすこともありうる。メディアの自主規制に待つべき領域が多くはないか、また、たとえ公的規制を導入するとしても、可能な限り表現内容にわたらない構造的規制によるべきではないかなど、規制の目的に照らしつつ多様な制度の選択肢を衡量する必要がある。

現在、議論されているのは、技術の進展によって現実化しつつある多チャンネル化が、放送規制に対してどのような帰結をもたらすかである。

広告を財源とする放送事業者が、同一の市場について少数しか存在しない場合、番組内容の規律を事業者間の自主規制によって維持することは比較的容易である。政治的公平性と青少年保護を目的とする番組内容規制を例にとってみよう。政治的公平性についていえば、広告を財源とし、可能なかぎり広範な視聴者をひきつけようとする事業者にとって、かたよった政治的立場をとることは得策とはいえない。アメリカ合衆国において、一九八七年の公平原則(Fairness Doctrine)の廃止の前後で番組内容にほとんど変化が見られなかったといわれるのも、[9]このような市場の構造を前提とする限り、自然な結果と考えることができる。

他方、青少年保護のための規制としては、ヨーロッパ諸国では家族全員による視聴に適した番組と成人のみによる視聴に適した番組とを時間帯によって区分する規制が広く行われている(10)。これも、事業者の自主規制によって十分実行可能な規制である。寡占市場における放送事業者は、もし一定の番組基準を他の事業者も同様に遵守するという保障さえあれば、いずれの事業者もその基準に従うことで、社会的批判を浴びることなく事業をすすめることが可能となる。一社が抜け駆けをしても、それを真似た番組を制作することは容易であるから、抜け駆けによる利益は短期間で失われる。何らかの基準に従ってその枠内で競争し、利益を安定的に分割・享受する方が、各社の利益にかなっている。つまり、業界内部の番組基準は寡占市場における事業者間の「カルテル」として機能する。

これに対して、新たな技術の導入によって多チャンネル化がすすむと、放送事業者あるいは放送類似サービス事業者は増大し、また海外からの番組の輸入や多様な伝送手段を通じた直接の流入の機会も増大する。ゲームのプレーヤーが増加することで、「カルテル」の締結と執行は困難となることが予想される。

「カルテル」の実効性が低下すれば、公共放送を併存させることで高品質で多様な番組の手本を示すという方策も効果が薄れるであろう。他の事業者が公共放送に倣うことが期待できない限り、一社のみが高い制作費の伴う番組を提供するのは賢明とはいえない。

また、政治的公平性の点でも、チャンネルの数が増加すると、視聴者全体を満遍なくターゲットとする番組よりも、むしろ特定の視聴者層をターゲットとする番組提供が、視聴者数の最大化という目的にかなう事態が生じうる。有料放送を財源とする場合には、特定の視聴者層をターゲットとして、契約者数を最大化しようとするインセンティヴが強まるであろう。

課徴金や免許期間の短縮などの法制上のサンクションも、このような多チャンネル化のシナリオの中では、実効的な番組内容規制として役立つとは期待しにくい。アメリカ合衆国の公平原則に典型的に見られるように、欧米諸国においても、法制上のサンクションは、頻繁に実施されてきたわけではない。免許・監督機関としては、ある放送機関に対して正式のサンクションを課することは、それにいたるまでの自己の免許および監督のあり方が誤っていたことを認めることにもなりかねず、いきおい非公式な情報交換や行政指導に頼りがちとなる。免許・監督機関に属する人々も、将来も業界に係わる形で生きていこうとすれば、業界の利害や実情とかけはなれた監督措置を執行しようとはしないはずである。

アメリカやドイツで指摘されているように、政府から独立した第三者機関による番組内容規制の実効化という制度装置は、むしろ、政治家や視聴者を納得させることで放送業界の利益を保護する「正統化」の役目が大きかったと見ることもできる(11)。もし、実効的なサンクションの実施が見込み薄であるとすると、たとえば政治的公平性の基準は撤廃して、多様なチャンネルによる多様な意見の表出を「思想の自由市場」に期待するという選択肢も考えられる。ただ、この選択肢は、従来型の放送による情報のボトルネックがもはやさほど恐れるべきものとはいえなくなっていることを前提とする。

もっとも、思想・表現の領域において、市場の自動調整機能をどこまで信頼しうるかについては、疑問も多い。従来型の放送サービスが果たしてきたのは、現代社会の中に多様な政治的・文化的立場があることを社会全体に向けて知らせることで、視聴者の中に、自己と異なる立場への理解と寛容の精神を涵養することでもあった。各チャンネルがそれぞれ異なる視聴者層をターゲットとするサービス提供は、社会を政治的・文化的に分断するとともにそれを固定するバルカン化現象をもたらす危険もある。細分化された視聴者を相手とするサービスがそれぞれ、視聴者の支払い意思(willingness to pay)に応じて費用を回収し、利潤を上げようとするならば、享受される情報について所得や富に応じた較差が生ずるおそれもある。マスメディアの役割の一つは、自己の支持する生き方や考え方だけではなく、自己と異なる生き方や考え方をも認め、そうした多元的な社会における公平な協働の枠組みを構想できる市民を再生産することである[12]。

四　もう一つのシナリオ

多チャンネル化が、必ず今描かれたような未来を生み出すわけではない。新たに現れるサービスは、結局のところ従来型の総合編成の放送サービスを補完するものにすぎず、それにとって代わるものではないというもう一つの展望がある。アメリカ合衆国のケーブルテレビ視聴世帯においても、ネットワーク系のチャンネルがなお約六〇パーセントのシェアを確保しているといわれる[13]。従来型の放送が、テレ・ショッピング、データ多重放送、ニア・ビデオ・オン・デマンドなど無数の情報伝送サービスの中に埋没してしまい、その存在意義も極小化するというシナリオは、確実な根拠にもとづくものとはいいがたい。ラジオや映画が、それぞれ強みを持つ核心的なサービスに特化し、サービスの差別化を押し進めることで生き残ってきたように、従来型の放送も生き残ることができるかも知れない。

このもう一つの未来においては、たしかに視聴者の選択肢は広がるものの、社会生活の基本となる情報を社会全体に即時かつ同時に、公平かつ低廉に提供するという従来型の放送サービスは依然として生きつづける。そして、それとともに、番組に対する自主規制の枠組みも、公共放送による高品質で多様な番組の提供も、その意義を保持しつづけることになる。反面で、情報のボトルネックもやはり残存することになり、その限りで、公益の観点から何らかの規制を行うべき余地も残ることになる。

これに対して、社会全体に基本的情報を公平に、即時かつ低廉に提供する従来型の放送以外のサービス、つまり、従来型のサービスを補完する周縁的なサービスに、従来型のサービスに課されているものと同様の規制を課する意味は乏しい。これらの補完型サービスについては、番組内容や所有・支配に関する規制を緩和することが望ましい。もちろんその場合でも、わいせつ、名誉毀損、プライバシー侵害、詐欺、犯罪せん動の禁止など、表現活動一般にあてはまる規制は妥当すべきである。

もっとも、これらの一般的な規制の適用にあたっては、表現の自由が他の自由に比べて傷つきやすい自由であり、「息をつぐ余裕」を与えなければ萎縮するおそれが強いこと(14)、また、表現の自由が民主的な社会を支え、個人の自己実現の不可欠の手段となるなどきわめて重要な機能を果たしていることが、十分に考慮されねばならない。

五　苦情処理機関

近年、放送サービスへの視聴者からの苦情を簡易・迅速に処理する機関を法律によって新たに設営すべきであるとの提案がなされている。郵政省放送行政局長の私的研究会である『多チャンネル時代における視聴者と放送に関する懇談会』の報告書はその例である。(15) この種の機関の実例としては、イギリスの Broadcasting Standards Commission が知られている。ただ、この種の機関の要否を検討する際には、それが政治的公平性や青少年保護の観点からする番組内容一般への視聴者の苦情の処理を任務とする機関か、それとも一般市民の名誉やプライヴァシーなどの権利侵害にかかわる紛争の簡易な処理を任務とする機関かによって、区別して論ずる必要があろう。(16)

番組内容一般に関する視聴者の苦情の処理に関しては、前述の通り、筆者は、この種の機関を新たに設けることが果して積極的な意義を持ちうるか懐疑的である。社会全体を対象とする総合編成の従来型のチャンネルが並存する状況が維持される限り、そのチャンネル相互の間では番組内容に関する明示・黙示のカルテルが機能するはずであり、苦情処理機関を新たに設けたとしても、業界内で自主的に執行されるカルテルの内容を追認するに止まる蓋然性が高い。放送業界は視聴者よりはるかにコンパクトで組織化されており、苦情処理機関の行動をよりよくモニターすることができるはずである。逆にいえば、政治部門としては、視聴者の要望に応えてこの種の苦情処理機関を設定することで、視聴者の要望をも満足させ、他方では、情報費用の相対的に小さい放送業界の意向に応じてこの機関が行動するであろうことから、放送業界の利益をも実現させることができる。つまり、政治部門にとって、この種の機関を創設することは損失とならない[17]。

他方、それ以外の補完的・周縁的なサービスについて、従来型サービスと同様の番組編集準則を課する必要は乏しい。ショッピング専門チャンネルに政治的公平性を課したり、映画専門チャンネルに論点の多角的解明義務を課すことに、大きな意味はないであろう。そして、これらの専門チャンネルの大部分は、視聴者の側の積極的な選択があってはじめて視聴されるチャンネルであろうから、その意味でも、視聴者一般を保護するための規制を課する意義は小さい。これに対して、従来型のチャンネルが多様な放送サービスの中に埋没してしまう状況の下では、放送は現在の雑誌やパンフレット類と同様の役割しか果たさないことになり、放送独自の規制を残す意味はさらに薄れるであろう。

これに対して、市民の権利侵害に関する紛争処理機関の要否を検討するためには、代替しうる紛争処理手段に比べて、それにどれほどのメリットおよびデメリットがあるかを考察する必要が生ずる。典型的な代替的処理手段としては、裁判所での訴訟と当事者間の和解が考えられる。しかし、和解が成り立つためには、訴訟における先例の積み重ねによって、どのような要件の下で権利侵害が認定され、損害賠償の額や名誉回復の手段などその救済としてどのような方法がとられるべきかについて、大体の目安がわかっている必要がある。裁判所で争った場合に最終的にどのような解決が得られるかにつき、当事者に一定の予測があって、はじめて、訴訟に要する時間・労力・費用を考慮すればこの和解案に応ずることが合理的(あるいは非合理的)だという計算が各当事者にとって可能となるからである。

ところで、この問題状況は、第三者機関についても基本的に同様にあてはまるはずである。第三者機関の下した決定が、裁判所で得られるはずの解決と乖離したものであれば、不満のある当事者は裁判所で改めて争おうとするであろう。裁判所で得られるはずの解決と似たものであれば、当事者間の和解によっても同様の解決が得られるはずである。したがって、裁判所の裁判および当事者間の和解という手段の他に、紛争処理のために第三者機関を設営する意味はさほど残されていないように思われる。

もし、それに意味があるとすれば、イギリスのように、訴訟費用が膨大で一般市民の裁判へのアクセスがきわめて困難であったり、そもそもプライヴァシー権が裁判上の保護の対象となっていないなどの特殊事情のある場合が考えられるが、日本にはこのような事情は存在しない。他方、一般的な傾向として、第三者機関が放送事業者にとって有利な形で紛争を処理することが予想され、しかも有能で簡易に相談できる弁護士の数が少ないために一般市民にとって裁判の先例に関する情報が少ないという状況の下では、第三者機関を設営することは放送事業者にとって有益であろう。しかし、現在のところ日本の放送事業者は、少なくとも法律にもとづいて設営される第三者機関の設置に消極的な態度をとっており、この種の機関が下す決定の傾向について悲観的な見方をしていることをうかがわせる。逆にいうと、放送事業者が業界独自の自主規制機関として、第三者を加えた苦情処理機関を設営する用意があるとすれば、それは、このような機関の設営が、放送事業者にとって有益であるとの見通しがあるからだと予想される。

六　むすび

将来の日本の放送法制のあり方を考える上では、従来型の、社会生活の基本的情報を公平に社会全体に、即時かつ低廉に提供する放送サービスがこれからも生き続けていくか否かが決定的な意味を持つ。これまでの放送法制は、このような形の放送サービスを念頭に置いたものであった。総合編成の、報道も娯楽も教育もあるというチャンネルが想定されているからこそ、一事業者に同一地域において複数のチャンネルを支配させることは回避すべきだとされたし、免許手続において相互のメリットを比較することも可能であった。チャンネルごとに音楽、映画、スポーツなど全く異なるジャンルの編成がなされるのであれば相互の比較自体が意味をなさず、選別のためには、たとえば入札制など、貨幣単位で比較可能な一元的物差しに力づくで還元する必要が出てくる。

従来型の放送サービスが、新たな補完的情報サービスと併存して生き続けていく場合、従来型サービスに関しては、放送内容に関する自主的規律や過度の集中を排除する構造規制が妥当すべきであるが、それ以外の補完的サービスについては、それを従来型のサービスと同様の規制の下に置くべきであるとはいいにくく、技術的・経済的な環境の変化に対応した規制の緩和が図られるべきであろう。その場合には、従来型の放送サービス事業者が、周縁的サービスへと進出していく道も、おのずから開かれていくことになる。

これまで、将来の多チャンネル化時代の放送制度像として、すべてのチャンネルが広告を財源とするモデル、ソフトとハードが分離され、ハードにコモン・キャリアとしての義務が課される一方でソフト事業者には参入・退出の自由や財源の種類を含めて広汎な放送活動の自由が認められるモデル、広告と受信料を主な財源とする従来型のモデル、政府がメディア事業に進出しようとする市民団体を助成してメディアの多様化を推進するモデルなど、さまざまなモデルが提示されてきたが、これらのモデルは必ずしも相互に排他的ではない。各チャンネルの特性に見合った役割と、それに相応する財源および制度の組み合わせが模索されねばならない(18)。

他方、これまで「公衆によって直接受信されることを目的とする無線通信の送信」として、送信の手段や対象・目的に即して定義され、同時に規制の射程を定める道具ともされてきた「放送」概念についても、今後、その意義を改めて検討する必要が生ずるであろう。現在すでに、すべての「放送」に対する一律の規制は解体しつつあり、テレビ放送にのみ妥当する規律やＮＨＫの行う放送についてのみ妥当する規律も現れている。また、番組内容の規制に関して有線放送と無線の放送とを区別すべき特段の理由も乏しい。今後、放送の規制を、そのサービス内容が従来型のコアなサービスにあたるか、あるいはそれを補完するサービスにあたるかによって、区別する必要が出てくるならば、送信の手段や対象・目的に即して定義された「放送」概念の持つ制度上の意義はさらに薄れていくと考えられる(19)。

カナダの一九九一年放送法二条一項は、放送を「暗号化されるか否か、および、無線通信によるか否かにかかわらず、公衆により放送受信装置によって受信される番組の電送」として、より包括的に定義している。この定義からすれば、ケーブルテレビや通信によるビデオ・サービスも放送に含まれることとなり、映像サービス間での規制の不整合を縮減する助けとなるであろう。同様に包括的に定義された法制上の概念として、フランスの「視聴覚通信(communication audiovisuelle)」がある。[20]

もっとも、各メディアの内実に即して規制の整合性をはかることは、種々異なる概念の区分けがされていたとしても可能であり、技術の展開の激しい状況下で、当面の規制の整合性をはかるために包括的概念を構想する意義がどこまであるか疑問がある。包括的概念が、技術の進展による環境の変化にも耐えられるとすれば、当該概念がそれほどに内容が希薄なためであり、したがってその概念自体から規制の指針を得ることは困難となるはずである。逆に、規制の指針を与えうるほどに内容の豊かな概念であれば、技術の進展によって直ちに out of date となる危険にさらされることになるであろう。

注

(1) 拙著『テレビの憲法理論——多メディア多チャンネル時代の放送法制』八九—九〇頁(弘文堂、一九九二)参照。

(2) Cf. D. Wolton, Values and Normative Choices in French Television, in *Television and the Public Interest*, ed. by J. Blumler, p. 156 (Sage, 1995). サンスティンは、「私が公共の事柄に関する本格的な番組を見て多いに裨益するのは、多くの友人が同じ番組を見ている場合に限られる。同じ番組を見ていなければ、我々

はそもそも議論も始められない」と指摘する(C. Sunstein, *Democracy and the Problem of Free Speech*, pp. 69-70 (Free Press, 1995))。

なお、人生の意味や価値についてさまざまな考え方を持つ人々からなる現代において、個人の自律的選択の基礎となり、社会的協働を可能とするために、社会全体に共有されるにふさわしい情報を「基本的情報」と呼ぶと、従来型の放送は、この「基本的情報」を社会全体に公平に、しかも可能な限り低廉に提供する上できわめて効率的なシステムであったということができる。「基本的情報」の観念については、拙著・前掲注(1)九三―九五頁参照。

(3)　拙著・前掲注(1)八〇―八三頁および拙稿「メディア環境の変容と放送の自由」法律時報六七巻八号六頁(一九九五)参照。なお、放送の規制根拠に関して、電波公物説をはじめとする伝統的議論から、本稿で触れる部分的規制論や基本的情報公平提供論などの最近の議論にいたるまでを詳細に批判・検討し、現在の理論状況を余すところなく明らかにするものとして、芦部信喜「放送の自由」法学教室一八〇号(一九九五)七三頁以下がある。さらに、「コミュニケーション秩序」という概念を切り口として論点を明快に整理する最新の論考として、浜田純一「憲法とコミュニケーション秩序」法学教室二二九号(一九九九)八四頁以下参照。

(4)　十分な数のチャンネルが確保できるのであれば、一社一波の原則の下ですべてが広告料を財源する場合でも大部分の選好に対応するチャンネルが出現するはずである(拙著・前掲注(1)一三五―一三六頁参照)。ただ、このような計算は、視聴者の選好を所与の外生的なデータとして想定しており、メディアが逆に視聴者の選好を形成し、あるいは構造化する効果を考慮していないきらいがある。

(5)　拙著・前掲注(1)三二―三八頁参照。ところで、伊藤正己教授は、マスメディアをはじめとする「法人の表現の自由」が「自然人の本来的に持つ優越した天賦の人権たる性格をもた」ず、憲法が「一種の政策的考慮から」これを保障していると見る「最近の有力な考え方」につき、「この考え方は二重の基準の運用に影響を及ぼすことは否定できない」と指摘する(同「表現の自由の優越的地位」天野勝文他編『岐路に立つ日本のジャーナリズム』一二一―一三頁(日本評論社、一九九六))。この指摘を卑見に対する批判と見るのは筆者の思い上がりかも知れない。ただ、筆者の考えでは、従来の憲法学の通説は、表現の自由の優越的地位の根拠を主として民主的政治過程の維持等の社会全体の利益に求めており、したがって、これとは別に、個人が生来の人権として社会全体の利益によっては覆しえない「切り札」としての権利を享有すると考えたとしても、必ずしも公権力との関係で、マスメディアの表現の自由の保障を従来より弱めることにはならない。もっとも、個人の「切り札」としての権利とマスメディアの表現の自由とが衝突する場面では、前者が優越することになり、マスメディアの表現の自由は縮減されることとなる(拙著・前掲注(1)三八―三九頁参照)。

(6) たとえば、多チャンネル・ケーブルテレビには、地上波放送と同じ意味での稀少性は備わっていないが、それでも各家庭のテレビと接続されることで、情報のボトルネックとして機能する。最近のアメリカ連邦最高裁の判決は、情報のボトルネックのもたらす危険への対処や、社会全体へ低廉なコストで情報を提供する地上波テレビの経営保護のため必要な場合には、物理的な意味での稀少性が存在しないケーブルテレビに対して、地上波テレビの再送信を義務づけることも正当化されるとしている(Turner Broadcasting System, Inc. v. FCC, 521 U. S. 622 (1994): Turner I; Turner Broadcasting System, Inc. v. FCC, 117 S. Ct. 1174 (1997): Turner II)。物理的な稀少性の解消が直ちに規制の消滅を意味しないことが確認されている点、また規制の根拠として情報のボトルネックの存在と社会全体への情報の低コストでの提供の必要性が挙げられている点は、注目にあたいする。ターナー第一(Turner I)判決に関する簡単な紹介として、本書第九章第二節および拙稿「情報化と表現の自由――多チャンネル化とメディア法制」ジュリスト一〇八九号(一九九六)四九頁以下参照。

また、地上波デジタル放送の制度を定めるイギリスの一九九六年放送法は、デジタル・ケーブル放送システムに対して、BBC、チャンネル3、4、5の再送信を義務づけている(Broadcasting Act 1996, s. 91)。これも、多チャンネルのデジタル・ケーブル放送システムの視聴者に、従来の主要な地上波放送チャンネルを視聴する機会を保障しようとするものである。アメリカ合衆国においても、一九九八年一二月に公表された「デジタルテレビ放送事業者の公益上の義務に関する諮問委員会」の最終報告書(Final Report of the Advisory Committee on Public Interest Obligations of Digital Television Broadcasters)は、ケーブル事業者にデジタルテレビ放送の再送信を義務づける適切な措置をとることを提言している(p. 49)。多数の世帯がケーブルを通じてテレビ放送を視聴するアメリカ合衆国では、ケーブルによる再送信が誰の負担によっていかに行われるかはきわめて重大な意味を持つ。

(7)　ここで描かれたマスメディアの部分規制論は、リー・ボリンジャー(Lee Bollinger)教授によって提唱されたものである。彼の *Images of a Free Press* (University of Chicago Press, 1991)を参照。部分規制論に関する紹介および検討として例えば拙著・前掲注(1)九六—一〇一頁がある。また、浜田純一『情報法』一一九—一二〇頁(有斐閣、一九九三)をも見よ。ただし、このような部分規制が正常に機能するためには、新聞と放送とが人的および資本的に分離されている必要がある。両者が結びついているならば、放送への規制を通じて、結局、政府は新聞へも影響力を及ぼすことが可能となるからである。

　マスメディアの部分規制論は、視野を広げていえば、私的企業の独占(寡占)的権力に対して政府の規制によって対抗すると同時に、規制下におかれた企業と政府との癒着を防ぐために規制から解放された自由な企業を併存させる手法の一種ということができる。規制される産業をすべて一律の政府の規制の下に置くのではなく、産業の実態に応じたきめ細かな規制を構想する提案に属する。エァズとブレイスウェイトは、マスメディアの部分規制を、彼らのいう「応答的規制 responsive regulation」の一種としての「部分的産業規制 partial-industry regulation」として位置づけている(Ian Ayres & John Braithwaite, *Responsive Regulation*, ch. 5, esp. pp. 152–153 (Oxford University Press, 1992))。応答的規制の意義については、さしあたり拙稿「応

答的規制」と「法の支配」」法律時報七〇巻一〇号(一九九八)七五頁以下参照。

(8) この自由を実効的なものとする手段としては、視聴者の「私的欲求」に機敏に対応することが自然である経営陣と、編成・制作部門との間に一定の制度的分離を確立することが考えられる。

(9) N. Fradette et al., The Impact of Deregulation of the Fairness Doctrine on the Broadcasting Industry and on the Public, 47 *Ad. L. Rev.* 625, 636 (1995). ＦＣＣが公平原則を廃止した理由の一つは、この原則の執行が萎縮効果を持ち、放送事業者が公共上の論点を取り上げることをかえって妨げるというものであったが、同原則の廃止によって、公共上の論点を取り上げる番組は増えてはいない (id. at 635)。これは、公平原則が放送事業者の行動にほとんど影響を与えていなかったという主張を補強するものである。

(10) たとえばイギリスのＢＢＣおよびＩＴＶは、午後九時をこのような境界としている (BBC, *Producers' Guidelines*, p. 49 (BBC, 1996); *ITC Programme Code*, p. 5 (ITC, 1995))。日本では、家族全体での視聴に適した番組と大人向きの番組とを時間帯によって規制する制度は、放送事業者の自主規制としても、長く採用されてこなかった。一九九九年一月二一日付けで、日本民間放送連盟は放送基準を改正し、「放送時間帯に応じ、児童および青少年の視聴に十分配慮する」旨を精神規定として盛り込んだ。

(11) W. Hoffman-Riem, Defending Vulnerable Values: Regulatory Measures and Enforcement Dilemmas, in *Television and the Public Interest*, ed. by J. Blumler, pp. 198–199 (Sage, 1992) ; W. Hoffman-Riem, *Regulating Media*, pp. 332–334 (Guilford Press, 1996).

(12) このような寛容な社会を再生産する機能は、報道や教育など、事実に即した、理性に訴えかけるサービスによってのみ果たされるわけではない。他者も自分と同じ人間であり、自分の考えにもとづいて生きる権利を持つ存在であることを効果的に伝えるのは、むしろ、人々の情操に訴えかける戯曲や音楽などである。この点については、R. Rorty, Human Rights, Rationality, and Sentimentality, in *On Human Rights*, eds. By S.

Shute and S. Hurley (Basic Books, 1993) を参照。

(13) E. g., R. Collins & C. Murroni, *New Media, New Policies*, p. 141 (Polity, 1996). 同様の数字は、日本の都市型ＣＡＴＶ視聴者調査での地上波放送のシェアについても報告されている(佐藤友紀「多チャンネル化による視聴者〝タコツボ化〟を考える」民放経営四季報 No. 34(一九九六))。新たなメディアが、少なくとも当面は、既存のメディアに置き代わるのではなく、それを補完するにとどまるとの展望は、Mike Feintuck, *Media Regulation, Public Interest and the Law*, p. 189 (Edinburgh University Press, 1999) も共有する。

(14) New York Times Co. v. Sullivan, 376 U. S. 254 (1964).

(15) 『多チャンネル時代における視聴者と放送に関する懇談会』報告書(一九九六)四七頁以下。本報告書については、放送レポート一四五号(一九九七)三八頁以下の田島泰彦、浜田純一、原寿雄三氏の鼎談を参照。

(16) 『多チャンネル時代における視聴者と放送に関する懇談会』の報告書も、「放送法令・番組基準」に関する視聴者の苦情に対応する機関と、市民の権利侵害に関する救済機関とを区別して論じている(同報告書四七頁以下)。なお、イギリスの Broadcasting Standard Commission は、一九九七年四月までは、市民の権利侵害に対応する機関である Broadcasting Complaints Commission と番組の質に関わる市民の苦情に応ずる Broadcasting Standards Council とに分かれて活動していた (cf. Broadcasting Act 1996, Part V)。イギリスを中心とする苦情申立制度の検討として、田島泰彦「放送への市民のアクセス」法律時報六七巻八号(一九九五)一六頁以下がある。

ところで、『多チャンネル時代における視聴者と放送に関する懇談会』報告書の提言および議論を受ける形で、ＮＨＫと日本民間放送連盟は、ＮＨＫおよび日本民間放送連盟会員各社の個別の放送番組にかかわるもので、放送法令・番組基準にかかわる重大な苦情、特に権利侵害にかかわる苦情を処理するための組織として「放送と人権等権利に関する委員会機構」を設立することとし、同機構および同機構の下で苦情処理にあたる委員会が、一九九七年六月一一日に機能を開始した。さらに、ＮＨＫと日本民間放送連盟は、両者が共同で運営する放送番組向上協議会に、青少年とテレビをめぐる苦情や意見を処理する第三者機関を新設する方向で現在準備をすすめている。

(17) Cf. D. Farber & Ph. Frickey, *Law and Public Choice*, p. 81 (University of Chicago Press, 1991).

(18) 市民社会の核となる公共的関心を共有する市民団体の活動を育成するために政府が助成を行うという構想は、James Curran & Jean Seaton, *Power Without Responsibility*, 5th ed., pp. 363-365 (Routledge, 1997) でイギリスのメディア改革案の一環として提示されている。ただ、こうした助成プログラムが恣意を排して公平に実施されるための、プログラムの実施・評価機関の構成や助成基準の策定には数々の困難が予想される。また、総合編成のテレビや新聞と対等に競合することは考えにくい。カランとシートンが想定しているのは、少数者向けのラジオ局、出版社、音楽制作の分野である (ibid. p. 365)。

(19) 法概念としての「放送」の意義を最近の動向をも参照しつつ包括的に論じたものとして、塩野宏「法概念としての放送」ジュリスト増刊『変革期のメディア』七四頁以下(一九九七)がある。

(20) フランスの視聴覚通信法二条二項は、視聴覚通信を、「私的通信の性格を持たないあらゆる記号、信号、文言、映像、音響もしくはメッセージを、電気通信の手段により、公衆もしくはさまざまな範疇の公衆に提供することの一切」として定義する。

プロムナード　その８

すべて食物は自分の口に合うものが一番美味である。

——青木正児

わが家では料理は主として筆者が担当する。この役割分担は，配偶者より筆者の方が料理にうるさいことにもとづく。うるさくない方が作った料理にうるさい方が不味いと文句をつけると，両者とも不幸になる。うるさい方が作った料理が不味くとも，うるさい方としては自業自得であるし，うるさくない方はうるさい方ほどは文句をいわないであろう。この組み合わせが最適である。

筆者の料理は手間のかからないものばかりである。月に一―二度，サルティムボッカ(saltim-bocca)を作る。牛の薄切り肉に胡椒をふり，セージの葉をのせ，さらに生ハムをのせて二つ折りにする。拳固で軽く叩いてから小麦粉をまぶし，フライパンにバターを溶かして両面を狐色に焼く。白ワインでフランベして風味を付け，茎を除いたクレッソンと櫛形のレモンを添える。簡単である。

ここまで読むと，料理にうるさいと称する筆者の資格について疑義を呈する方もおられよう。

これのどこがサルティムボッカなのか。サルティムボッカであるためには、少なくともマルサラ酒と辛口の白ワインで作ったグレイヴィ・ソースをかける必要があるという人もいるであろうし、チーズを使わない点を問題にする人もいるに違いない。しかし、サルティムボッカでないとすると、これは何なのだろうか。あらゆるサルティムボッカに共通する要件は何なのか。ポー河流域でスライスされたものでなければパルマ・ハムではないように、ローマで作られたものでなければサルティムボッカではないのだろうか。マルサラ酒を使ったソースがかかっていることは絶対必要なのか。マルサラ酒が入手できなくてマデラ酒で代用したらどうであろうか(筆者は先日代用してしまった)。

哲学者のワイスマンは、あらゆる概念には「綻び(open texture)」があるという(open textureは「開かれた構造」と訳されることもある)。いかに明確な概念にも、適用に不明瞭さの生ずる余地がある。彼の挙げる例でいえば、「金」という金属は、その化学的・物理的性質によって明確に定義されているが、今、あらゆる化学的・物理的性質を金と共有しながらも、新たな種類の輻射を発する金属が発見された場合、それを金と呼ぶべきか否かは明瞭でない。また、今、目前に友人が現れ、彼と握手することさえできるが、次の瞬間には彼は消え去っている。ところが、数秒後には彼は再び現れ、握手することもできる。このような場合、「友人がそこにいる」と言うべきなのかどうか、にわかには判定しがたい(F. Waismann, Verifiability, in G. H. R. Parkinson ed., *The Theory of Meaning* (Oxford University Press, 1968))。

法律学では、技術の急速な進展に法律上の概念や区分がついていくことができず、法律上の概念と現実との間に一見したところ不整合が生ずることがある。たとえば、現在、多くのメディアは「プリント・メディア」「放送」「通信」の三つに区分される。新聞や雑誌に代表される「プリント・メディア」は憲法上の表現の自由を十全に保障され、事業者が表現内容をコントロールする。テレビやラジオに代表される「放送」は基本的には表現の自由を保障され、事業者が表現内容をコントロールできるものの、電波資源の有限性や特殊な社会的影響力を理由に表現内容や事業主体について一定の規制が課される。また、電話に代表される「通信」では事業者が表現内容に干渉することは許されず、回線利用者間の「通信の秘密」が保障される。

ところが技術の進展の結果、「プリント・メディア」「放送」「通信」のいずれともにわかには判別しがたいメディアが出現している。たとえば、新聞社が街頭で販売する新聞と同一の内容をインターネットで送信するとそれは「通信」であるし、衛星を経由して不特定多数の人々に送信すれば「放送」となる。これらの「通信新聞」や「放送新聞」にも「放送」や「通信」固有の規律は同じく適用されるべきであろうか。また、インターネット上のホームページの場合、開設者の送信した内容が多数の受信者に瞬時に伝送され、機能の点で「放送」に近づいている。これらの新種のメディアに伝統的な概念をあてはめただけでは、実際の問題の処理に困ることが多い。

法哲学者のハーバート・ハートは、このように法的概念に綻びが生じ、適用に不明瞭さが生じた場合には、それに応じて、法の適用者が適切な解決を探求する裁量が生まれると考える。杓子定規な概念のあてはめが不適切な解決を導く場合には、概念の本来の目的等に遡って何が適切な解決かを事案ごとに考えるべきである。これに対して、彼のオクスフォード大学での後継者であるロナルド・ドゥオーキンは、一見したところ、概念の適用に困難を生ずるような場合でも、法の適用者はその概念のいかなる解釈が所与の法体系を一貫して正当化しうるような道徳原理の体系と整合するかを検討することで、唯一の正解を見出すことができるはずだと主張する。

同じく概念の綻びが問題となってはいるが、筆者の料理はやはり「サルティムボッカ」と呼ばれるべきだと筆者は考える。イタリア料理のありようをいかに研究しても、それを一貫して正当化しうる道徳原理の体系から「サルティムボッカ」の唯一の解釈を導き出すことは望み薄である。同一の事実の集合を素材としても、それを同程度に整合的に正当化しうるイデオロギーの体系はいくつも思いつくことができるからである。

イタリア料理に関する多様でしかも互いに両立しない諸イデオロギーの純粋かつラディカルな支持者たちからすれば、筆者の料理はサルティムボッカの堕落形態と評されるかも知れない。しかし、大事なことは「今日はサルティムボッカだから、帰りに材料を買ってきてくれ」と配偶者に頼むと、筆者の意図が伝わることである。酒屋で「サルティムボッカに合うワインが欲しい」といえば、それなりのワインが手にはいる。「何だかわからないものを作るから、材料を買ってくるように」では、何のことだかわからない。個別の共同体の具体的規約は尊重すべきであろう。

もっとも、ここまで搦手から攻めずとも、料理については少なくとも各人の主観的観点からすれば「唯一の正解」は定まると主張する手もある。上記のレシピで作った料理が、手間がかからずしかも美味しい「サルティムボッカ」であることは、筆者にとっては明白である。

すべて食物は自分の口に合うものが一番美味である。

第九章　メディア・モデルの探究と溶解

技術の進展により次々と新たなメディアが現れている。こうしたメディアに対しては、伝達される情報内容や事業のあり方などについて、さまざまな規制が課される。この種の規制については、憲法上保障された表現の自由を侵害するものではないか否かが問題となる。しかし、新たな技術を利用する新種のメディアである場合、どのような審査基準にもとづいて規制の合憲性を審査すべきかは直ちには明らかでない。

新たな事象を取り扱う場合、法律学は、その事象がよく知られた既存の事象のいずれに似ているかを検討し、重要な点で似通っていると思われる事象に妥当する法理を類推して適用しようとする。メディア規制に対する合憲性の審査の場合も、同様のアプローチがとられることが多い。以下で主として紹介するのは、アメリカ合衆国連邦最高裁が、ケーブルテレビに対する規制の合憲性をいかに検討したかである。ケーブルテレビは今では必ずしも最先端のメディアとはいえないが、法律学的に見るとなお未解決の問題点を多く含んでいる。アメリカでの先例は、日本における今後のメディア規制のあり方を考える上でも参考となる。

一　デンヴァー・エリア・コンソーシアム判決

第一に取り扱うのは、アメリカ連邦最高裁が一九九六年に下したデンヴァー・エリア・コンソーシアム判決である(Denver Area Educational Telecommunications Consortium v. FCC, 116 S. Ct. 2374 (1996))。この事件では、一九九二年に制定されたケーブルテレビ消費者保護および競争法(Cable Television Consumer Protection and Competition Act)のうち、品位のない(indecent)番組を規制する条項を執行する連邦通信委員会規則の合憲性が争われた。問題となる一九九二年法の条項は三つある。

第一は、商用リースチャンネルに関するものである。ケーブル事業者は、連邦法によって、一定数のチャンネルを当該ケーブル事業者と系列関係にない番組供給事業者にリースすべきチャンネル(leased access channels)として確保することを要求されており、しかもそうしてリースされたチャンネルについては、ケーブル事業者には番組編集権がないものとされていた。平均してケーブルテレビのチャンネルのうち一〇―一五パーセントがこの類型に属する。一九九二年法一〇条(a)項は、こうした商用リースチャンネルについて、ケーブル事業者に、品位のない番組、つまり明白に不快な仕方で性もしくは排泄に関する行為もしくは器官を描写する番組の放映を禁止する権限を与えた。

第二は、ケーブル事業者が公道などにケーブルを敷設する見返りとして地方政府に提供するパブリック・アクセス・チャンネル(public, educational, or governmental channels)に関するものである。こうしたチャンネルについても、ケーブル事業者には番組編集権がない。一九九二年法一〇条(c)項は、この種のチャンネルについても、品位のない番組の送信を禁止する権限をケーブル事業者に与える。第三に、一九九二年法一〇条(b)項は、同条(a)項にもかかわらず、商用リースチャンネルにおいて、ケーブル事業者が品位のない番組の送信を許容する場合には、それを単一のチャンネルに集中した上でブロックをかけ、ケーブルの受信契約者から書面で申し込みがあった場合に限り、三〇日以内にブロックを解除するようケーブル事業者に要求する。

連邦最高裁の結論は、一〇条(a)項は合憲、一〇条(b)項および(c)項は、児童を品位のない表現から保護するという立法目的を達成する手段として適切に設定されていないため憲法に反するというものである。

連邦最高裁の意見は複雑に分かれている。理由を含めて過半数の裁判官が同意し法廷意見が構成されたのは、一〇条(b)項を違憲とする部分のみである。この部分を執筆したブライアー判事によると(116 S. Ct., at 2390–2394)、一〇条(a)および(c)項は、ケーブル事業者に品位のない番組の送信を拒否することを許容(permit)する性格を持つのに対し、一〇条(b)項は明らかに制限的な効果を持つ。受信者からの申し込みと番組送信との間が最長三〇日にも及ぶため、受信契約者は、番組を見るためには相当早期に視聴を計画し、かつ長期にわたって多くの品位のない番組が家庭に送信されることを受け入れざるをえなくなる。書面による申し込みという条件には視聴を萎縮させる効果がある。また、この制度がもたらすコストのため、ケーブル事業者にも、商用リースチャンネルにおける品位のない番組の送信を全面的に拒否するインセンティヴが働く。児童を品位のない表現物から保護することは必要不可欠(compelling)な立法目的といえるが、この制度はそれを実現する最も制限的でない手段でもなく、また立法目的を達するために厳密に設定されてもおらず、必要な限度を相当に超える制約である。つまりそれは最も厳格なテストにも、また中間審査のテストにも合格しない。本条項の目的は、Vチップなどより緩やかな手段によっても実現可能である(一九九六年通信法五五一条(c)項参照)。

次に、一〇条(a)項の合憲性については、ブライアー判事の合憲論に彼自身を含めて四名が参加し、トーマス判事の合憲論に彼自身を含めて三名が参加している。

ブライアー判事の意見は以下のようなものである(116 S. Ct., at 2382–2390)。ケーブルテレビという新たな変転する環境に、全く異なるコンテクストで発展してきた第一修正(表現の自由)の法理を適用することは適切でない。問題をより限定して、一〇条(a)項が必要以上の負担を表現活動に負わせることなく、きわめて重要な問題に適切に対処しているかに限って検討すべきである。児童を明白に不快な性の描写から隔離するという利益の重大さ、番組供給事業者とケーブル事業者の利益の調整、地上波放送での品位のない番組の規制を合憲としたパシフィカ判決との類似性、ケーブル事業者に編集上の決定権を与えるアプローチの柔軟性などを考慮すると、一〇条(a)項は、きわめて重要な問題に対して十分に考え抜かれた上で設定された応答だと考えることができる。

他方、トーマス判事は、番組供給事業者の権利とケーブル事業者の権利とが対立する場合には後者に優位が認められるべきだとする。一〇条(a)項は、連邦法による規制がなければ本来ケーブル事業者が享有していたはずの編集権を回復するものにすぎない(116 S. Ct., at 2419–2432)。

一〇条(c)項を違憲とする結論は、ブライアー判事とケネディ判事の二種類の意見によって支えられている。ブライアー判事は、(c)項と(a)項との違いを強調する(116 S. Ct., at 2394–2397)。ケーブル事業者は、本来パブリック・アクセス・チャンネルについて編集権を持っていたとはいえない。またパブリック・アクセス・チャンネルにはさまざまな編集規制制度が備わっており、児童が品位のない番組に晒される危険性は低い。そのためケーブル事業者に拒否権を与える必要が小さく、逆に拒否権が濫用される危険が高い。

他方、ケネディ判事は、パブリック・アクセス・チャンネルをパブリック・フォーラムとみなす。政府が表現内容にもとづいてパブリック・フォーラムから特定の言論を排除する場合には厳格審査が妥当するが、一〇条(c)項はこの審査をパスしない。また、ケネディ判事によれば、商用リース・チャンネルは、ケーブル事業者を通信事業者と同様のコモンキャリアとするものであり、そうである以上、表現内容にもとづいて政府が特定の言論を排除しようとする場合にはやはり厳格審査が妥当することになる。そしてケネディ判事によると、一〇条(a)項も違憲である(116 S. Ct., at 2404–2419)。

トーマス判事の見地からすれば、一〇条(c)項も本来ケーブル事業者が持っていたはずの編集権を回復させるに過ぎない措置であるから合憲である(116 S. Ct., at 2419–2432)。

二　ターナー判決

デンヴァー・エリア・コンソーシアム判決の意義を理解するためには、一九九四年および一九九七年に下された二次にわたるターナー判決について一応の知識を得ておく必要がある。この事件では、同じ一九九二年のケーブルテレビ消費者保護および競争法の四条と五条が規定する地上波放送の再送信義務(must-carry)規定の合憲性が争われた。一定規模を超えるケーブル事業者は、同じ地域の商業放送および公共放送をそのまま再送信するチャンネルを確保しなければならないとする規定である[(1)]。

一九九四年のターナー第一判決(Turner Broadcasting System, Inc. v. FCC, 512 U. S. 622 (1994))は、まず、ケーブルテレビには無線の放送について妥当する周波数帯の希少性および混信の危険性がなく、したがって、放送規制と同様の緩やかな違憲審査基準はあてはまらないとした。次に、地上波放送の再送信義務は、表現活動に対する内容中立規制であり、したがって中間審査基準が妥当する。つまり、重要な政府の目的を推進するものであり、かつ表現活動に必要以上に大きな負担を課するものでないならば合憲である(cf. United States v. O'Brien, 391 U. S. 367, 377 (1968))。ケーブルテレビが多くの家庭への情報供給においてボトルネックとして機能している点にかんがみると、ケーブル事業者がその地位を利用して系列の番組供給事業者を好意的に取り扱い、反面で地上波放送の経営を圧迫する危険がある。本件規制は、そこで、ケーブルに加入していない世帯にとって無料の地上波放送が持つ情報源としての重要性を考慮し、地上波放送に十分な財源を確保するためその再送信を義務づける目的を持っている。ただ、最高裁は、この規制が中間審査基準をパスするか否かについて結論を下すには判断の基礎となる資料が不足しているとして、事件を地方裁判所に差し戻した[(2)]。

差戻し後の第二次ターナー判決では、must-carry 規制が前述のような重要な立法目的を促進するとの連邦議会の判断は、実質的証拠から合理的に導かれるものであり、しかもそれは必要以上に表現活動に大きな負担を課するものとはいえないとして、合憲であるとの結論が下された(Turner Broadcasting System, Inc. v. FCC, 117 S. Ct. 1174 (1997))。

この二つのターナー判決の射程については、いくつかの点が指摘できる。第一に、連邦最高裁が、ケーブルテレビの情報ボトルネック機能に着目して must-carry 規制の合憲性を導いたことからすると、この種のボトルネック性が働くとはいえないインターネットにおいて、同種の規制が許容されるとはいいにくいことになる(3)。

第二に、ケーブルテレビについては、希少性も混信の危険も存在しないため、放送規制と同様の緩やかな審査基準は妥当しないとしたことで、放送規制以外の表現活動に関する一般的な法理が妥当するとの展望が開けたことである。現に must-carry 規制は内容中立規制であるとされ、そのため内容中立規制に関する審査基準であるオブライエン・テスト(O'Brien test)が妥当するとされた。もっとも、must-carry 規制がはたして内容中立規制といいうるかについては疑問がないわけではない。かりに、番組内容とは全く関係のない規制だとすると、なぜ地上波放送をケーブル事業者の競争制限的な行為に対抗するために保護する必要があるのか、説明が困難となるはずである。ただ、内容にもとづく規制が厳格審査に服するとされてきた実質的理由が、こうした規制によって特定内容の思想や主張が抑圧され、あるいは押しつけられる危険があることに存するとすると、地上波放送の再送信の義務づけが、そうした危険を生み出すとは考えにくいことから、最高裁の結論は実質的には妥当と考えることもできよう。

第三に、第二点のコロラリーとしてであるが、ケーブルテレビについて放送と同様の緩やかな規制はあてはまらず、第一修正の下での本来の審査基準論が妥当するのであれば、内容中立規制が中間的審査基準に服する一方、品位のない番組に対する規制のような「内容にもとづく content-based」規制はより厳格な審査に服することとなるはずである。これが、デンヴァー・エリア・コンソーシアム事件で議論された問題である。

三　モデルの選択

ところが、内容にもとづく規制が厳格審査に服するとしても、ケネディ判事のように、本件各規定を、本来自由であるべき番組供給事業者の編集権への制約だと考えると問題となったいずれの規定についても違憲との結論が導かれ、他方、トーマス判事のように、本来ケーブル事業者のものであった編集権を回復しただけだと考えると合憲との結論が導かれることになる。つまり、内容にもとづく規制であるから、それにふさわしい違憲審査基準を適用すべきだとの立場をとるとしても、その適用の前提としてまず、既存のどのモデルの類比でケーブル事業者および番組供給事業者を性格づけるかをまず判定する必要が生ずる。

トーマス判事によれば、ケーブル事業者は「小売書店」に、番組供給事業者は「小売書店」に本を配給する「出版社」や「取次業者」に本質的な点で似ているということになる。「小売書店」がいかなる本を販売するかは各「小売書店」が自由に決められるはずのことがらであり、それを規制する制度が厳格審査にかかるとすれば、そうした本来の自由を回復する方向で議論を進めるべきこととなる。

これに対して、ケネディ判事によると、商用リース・チャンネルやパブリック・アクセス・チャンネルは、政府がケーブルテレビ上に設定したパブリック・フォーラムあるいはコモン・キャリッジに他ならず、そこからの言論の排除が厳格審査に服する以上、当然そうした排除を違憲とする方向に結論が向かうことになる。ケーブルテレビが無線の放送とは異なるというだけでは問題は解決されていない。いかなるモデルをベースとして内容にもとづく規制に関する議論を出発させるかの選択が事を決することになる。

ブライアー判事が執筆した意見は、いずれのモデルをもってケーブル事業者および番組供給事業者を性格づけるべきかという根本問題に立ち入ることを避けている。彼にいわせれば、ケーブルテレビという新たな変転する環境に、全く異なるコンテクストで発展してきた第一修正の法理を適用することは不適切である。こうした立場をとると、既存のモデルを活用し、その類比によって違憲審査基準を選ぶというアプローチはとりえない。家庭に直接侵入するメディアによって送り込まれる品位のない番組から児童をいかに保護するかという狭い問題に限定し、関連する多様な事情を考慮しつつ、比較較量の上で妥当な結論を探るというアプローチがとられる。私人に対して予測可能性を保障するために、明確かつ一般的なルールを事前に示すという要請は、ケーブルテレビの事業領域では大きく働かないであろうことを考えるならば、技術的・経済的環境が急速かつ大規模に変転しつつある現状では、こうした柔軟な態度をとることにも理由があるように思われる。タトーマス、ケネディ両判事の意見には、それぞれ全面的には賛成しかねる要素が含まれている。ターナー判決の指摘するケーブルテレビの情報ボトルネック機能を考慮すると、トーマスのように、ケーブル事業者を全面的に「小売書店」のアナロジーで理解することには疑問が残る。個々の小売書店が地域の情報について、ケーブルと同様の情報ボトルネック性を持つことは考えにくい。

他方、立法や契約を通じてケーブルチャンネルの特定の部分をパブリック・フォーラムにしたりコモン・キャリアにしたりすることができるというケネディ判事の見解は示唆的ではあるが、政府が特定の目的でパブリック・フォーラムを設定した場合に内容にもとづく規制についてつねに厳格審査が妥当するのか、またコモン・キャリアについて、パブリック・フォーラム法理が全面的に妥当するのかというブライアー判事の指摘する問題点に答える必要があろう(116 S. Ct., at 2388–2389)。かりに、ケネディ判事のアプローチが成り立つとすると、特定のチャンネルをパブリック・フォーラムやコモン・キャリアとして枠付ける行為そのものは、ターナー判決で問題となる再送信規制と同様、内容中立的な構造規制だということになるであろうから、ターナー判決の判旨に従って中間審査、つまりオブライエン・テストに服することになると思われる。

四　通信品位法違憲判決

新たに出現したメディアに対する規制について、問題を狭く限定した上で柔軟に対処しようとするアプローチは、一九九七年の通信品位法違憲判決にも見てとることができる。この判決で連邦最高裁は、「わいせつな(obscene)、あるいは品位のない(indecent)」通信を一八歳未満の者にそれと知りながら行った者を処罰するとともに、その時点での社会の基準(contemporary community standards)に照らして明らかに不快(patently offensive)な仕方で、性もしくは排泄に関する行為もしくは器官を描くメッセージを一八歳未満の者にそれと知りながら伝送もしくは掲示した者を処罰する一九九六年通信品位法(Communications Decency Act of 1996)(4)の条項を文面上違憲とした(Reno v. American Civil Liberties Union, 117 S. Ct. 2329 (1997))(5)。

この法律がねらったのは、インターネット上において品位のない通信を一八歳未満の者が視聴する機会を抑止することであった。しかし、連邦最高裁によれば、インターネットの利用者が偶然にサイバー・スペース上で性的表現に遭遇することは稀である。この種の表現に接近するためには、積極的なアクセスの手順をとることが必要であり、また、通常この種の表現へのアクセスに対しては事前の警告がなされるため、突然に家庭内に情報が侵入してくる放送とは異なる。また、児童にとって不適切な通信へのアクセスを親が制限しうる技術が近い将来、利用可能となる見込みがある上、利用者の年齢を検証する現在の技術は信頼性に欠けるし、クレジット・カードやパスワードの付与等の方法は、無料で情報を提供する事業者が実際上利用しえないという難点がある。

放送に関しては、パシフィカ判決が品位のない番組の放送を規制しうることを示しているが(cf. FCC v. Pacifica Foundation, 438 U.S. 726 (1978))、本件で問われている通信品位法の規制は、パシフィカ判決で問題となった事例とは異なり、時間の限定のない全面的な規制である。また、同事案で問題となった連邦通信委員会の規制は刑事罰を伴うものではなかった。また、家庭内への浸透力の強い放送は、視聴者保護の観点から伝統的に広範な規制を受けてきたメディアであって、インターネットと同視することはできない。また、インターネットには、放送と同様の希少性も存在しない。

連邦最高裁によれば、通信品位法の規制は、漠然性のゆえに違憲といいうる。同法の禁止する「品位のない」通信と「明らかに不快な」通信との異同は不明確であり、このことからしても同法が目的に沿って厳密に設定された規制といえるか疑わしい。同法は表現内容にもとづく規制であり、しかも違反に対して刑罰が科されるもので、表現活動への萎縮効果は大きい。

さらに、通信品位法の規制は前例を見ない程広範でもある。それは商業的言論のみを対象とするものではなく、教育的な価値などを有する表現でわいせつとはいえないものを広く対象とする。インターネットへアクセスする者から未成年者を実効的に排除する技術が存在しない以上、未成年者保護という目的のために大人の通信が過度に阻害される危険があるし、また、その時点での社会(community)の基準に照らして明白に不快か否かという基準からすると、アメリカの中でも、最も品位に厳格な地域社会の基準によって全国の通信が処断される危険も否定できない。

以上のような連邦最高裁の判旨からすると、連邦最高裁が、インターネットへの規制を従来の放送への規制と同様の審査基準で審査しようとしていないことは判明する。しかし、それ以上に、どのような基準で審査を行うかとなると、本件では、品位のない通信を未成年者から遮断するという目的のためにいかなる規制が実効的であり、かつ必要以上の規制を行うものでないかという限定された問題について判断を下したものと見るべきであろう。インターネットに関連する技術の進展について、現在の時点で確実な予想を下すことは困難であり、ここにおいても将来にわたって持続可能なモデルを予め確立することが賢明とはいいにくい。(6)

五　モデルの溶解？

今までの論述では、規制の対象となるメディアは急速に変化するものの、規制の枠組みとなる「放送」、「コモン・キャリア」、「パブリック・フォーラム」、「小売書店」などの規制のパッケージそのものは不動であるとの暗黙の前提があった。しかし、この前提を疑ってみることもできないわけではない。これらの規制のパッケージは、規制機関や裁判所が、その判断によって選択しうるものであり、しかも一旦選択した以上は、その通りに規制対象を拘束しつづけるものであろうか。

ケーブルテレビを既存のいかなるモデルとの類比で考察すべきかが問題となったのは、ケーブルテレビによって提供される番組についてケーブル事業者が持つはずの「編集権」なるものを、どこまで額面通りに受け取ってよいかが不確かであることにも原因がある。コモン・キャリアやパブリック・フォーラムの場合、通信事業者やフォーラムの設営者はそこにおける言論の内容を左右することは原則として許されないと考えられてきた。しかし、小売書店の場合でも、その経営者は通常、個別の本の中身を自分で編集するわけではない。(7)小売書店の経営者は、外部の者が編集した情報のパッケージを自分で購入してそれを一般消費者に再販売するか、あるいは外部からの委託を受けて販売しているにすぎない。

同様の事態は、実は放送事業者についても妥当しうる。自社ではほとんど番組を制作せず、他の放送事業者や番組供給事業者から大部分の番組を購入するか、あるいは番組の制作を委託して、それを放送するにすぎない放送事業者も存在しうるし、現に存在する。(8) こうした場合、番組の制作から一般視聴者へ到達するまでのいずれの段階で、放送事業者と同様の番組編集責任を課すべきか、あるいはそもそもいずれかの段階でそうした責任を課すべきなのかを改めて問題にすることができる。

日本の放送法上、衛星を用いたデジタル放送サービスでは、衛星の管理運営者(受託放送事業者)と番組の供給者(委託放送事業者)とは区別され、番組内容に関する編集責任は委託放送事業者が負うこととされている(放送法五二条の一二)。多数のチャンネルを通じて多様な番組が提供される点ではケーブルテレビ事業と異ならないが、ケーブルとは異なり(有線テレビジョン放送法一七条参照)、設備の管理運営者ではなく番組の供給者に編集責任が課される。(9) また、通信衛星による放送の視聴者にとっては、個別の委託放送事業者よりはむしろスカイパーフェクTVのような顧客管理代行会社がむしろ認知の程度が高いであろうが、こうした顧客管理代行会社は放送法上の存在ではなく、したがって番組内容について編集責任を負うこともない。放送法上存在するのは、あくまで委託放送事業者と受託放送事業者である。

他方、アメリカ合衆国では、通信衛星を用いて番組を有料で提供する事業者には番組編集責任は課されない。そうしたサービスはスクランブルがかけられ、事業者と視聴者との間に直接の契約関係があることからサービス対象が限定されており、「公衆によって受信されることを目的として(intended to be received by the public)」いないため「放送(broadcasting)」ではないとされる。[10] 一九九六年法によって創出された枠組みに沿って、通信事業者が番組配信サービスに参入した場合、それを利用する有料番組サービスについても、同様の事態が生ずるはずである(一九九六年通信法三〇二条(a)項参照)。ケーブル事業者は、たとえ同一内容の番組を送信したとしても編集責任が問われることになるが、それを回避しようとすれば、ケーブル事業の免許を返上し通信事業者として従来と同様の番組を配信すればよいわけである。[11]

ターナー判決が指摘するように、「放送」の特質が「無料」で番組を送信する点にあるのであれば、有料か無料かで制度を区切る仕方にも理由があるといえる。有料であれば、視聴者は各自の選択で番組を視聴するはずであるから、予想もしない番組が突然家族団欒の場に飛び込んできて困惑する事態は避けられるであろう。視聴者の側の選択能力が強まれば、それに応じて番組の供給サイドに編集上の責任を課すべき理由は薄れる。[12]

このように、いかなる制度を選択するか、そして、いかなる編集上の義務を負うか(負わないか)を、事業者の側が選択できるのであれば、あるメディアを規制する際にいかなるモデルの類比で審査すべきかを検討する必要性も低下するであろう。あるメディア規制が不合理であると考える事業者は、裁判に訴えたり政治過程に圧力をかけたりする時間とコストがあればむしろ他の規制形態を選択すればよいのである。メディア規制のモデル相互の競争がはじまり、事業者によって回避されるモデルは淘汰され、消滅することになる。モデルを探究すべき意義は蒸発し、あるべきモデルもそれにともなって溶解する。

通信と放送をはじめ多様なメディアの相互乗り入れと融合がすすめば、今後こうしたモデル相互の自然淘汰の過程がはじまる可能性はある。しかし、現在のところ、事業者が選択しうるモデルの数は限定されており、選択肢の幅は十分とはいいがたい。また、文字通りあらゆる制約が排除された自由な選択が可能となっているわけではない。さらに、たとえそれが実現したとしても、事業者の自由な選択とモデルの自然淘汰が、果して一般の視聴者(利用者)の便宜に適う結果を生み出すかも自明とはいえない。ただ、この過程がはじまるまでは、既存のモデルの変容と再整理を政治過程や裁判過程に求める圧力も加わりつづけるであろう。(13)

注

(1) 一九九二年ケーブル法の定める再送信制度の下では、放送事業者は、再送信義務規定にもとづく再送信を選ぶか、あるいはケーブル事業者との交渉と合意にもとづいて再送信を許諾するかを選択することができる。放送事業者が交渉による再送信を選択した場合、ケーブル事業者は放送事業者の同意がない限り再送信することはできない(一九九二年法六条)。放送業界としては、ケーブル事業者は多くの場合、有償でテレビ番組を再送信することに同意すると予想していたが、実際にはケーブル業界の態度は強硬で、多くの場合、ＡＢＣ、ＮＢＣおよびＦＯＸは、自らの系列の番組供給会社からの番組供給を有償で認める代わりにテレビの再送信は無償で許諾し、CBSにいたっては全く見返りなしに再送信を許諾せざるを得なかった。ケーブル業界が放送業界を必要とする以上に、放送業界はケーブル業界を必要としていたことが判明したわけである。

(2) 差戻しの結論は、規制を合憲とするスティーヴンズ判事が事件処理のために便宜、相対多数意見の結論に同意したことでかろうじて得られた(512 U. S., at 673-674)。

(3) 後述第四節参照。

(4) これは一九九六年通信法の第V篇にあたる。

(5) 本件については、阪口正二郎「インターネットにおける性表現の規制」法律時報七〇巻八号一〇〇頁以下(一九九八)による紹介と解説を参照。

(6) ところで、一九九六年通信法は、インターネットにおいて、他者(コンテント・プロバイダー)の提供する情報を個々の利用者に提供するサービスを行う者(サービス・プロバイダー)の責任を明確化した(日本で「プロバイダー」といわれているのは、サービス・プロバイダーであることが多い)。それまで、コンテント・プロバイダーが提供した情報がわいせつ表現であったり、他者の名誉を毀損するものであったりした場合、それについてサービス・プロバイダーが果して責任を負うのかが議論されてきた。従来の整理をそのまま延長すると、サービス・プロバイダーが古典的な「通信事業者」と同視されるのであれば、原則として情報内容について責任を問われるいわれはないが、「出版者」とみなされるのであれば、提供されている情報内容について責任を負うべきこととなる(cf. Michael Botein, *Regulation of the Electronic Mass Media*, 3rd ed., pp. 454-456 (West, 1998))。

こうした整理の仕方からもたらされる深刻な問題は、サービス・プロバイダーが自ら提供されている情報の内容を調査し、法に触れる蓋然性のあるものを排除する方針をとると、情報内容を自らコントロールしうることを認めることになり、「出版者」と同視され、より重い責任を負う可能性があることである。一九九六年法はその五〇七条(c)項で、サービス・プロバイダーは他者が提供する情報について「出版者 publisher」あるいは「発言者 speaker」としての責任を負うことはないとし、また情報内容を調査し、問題のある情報を排除する措置をとっても、それによって責任を負うことはないとしている。ここでも、既存のいずれのモデルによってサービス・プロバイダーの行動を解釈すべきかが問題となっている。

(7) そのような小売書店がたとえ存在したとしても、多くの消費者の好みに適うとは考えにくい。

(8) イギリスのチャンネル4がその典型例である。日本でもとくに地方の放送事業者について自社制作番組の比率が低いことが指摘されている。

(9) ここでも制度上の番組供給者(委託放送事業者)が実際に番組を制作しているか否かは問題ではない。

(10) Cf. National Association for Better Broadcasting v. FCC, 849 F. 2d. 665 (D. C. Cir. 1988).

(11) Cf. Peter Huber, *Law and Disorder in Cyberspace*, pp. 65–67 & 85–86 (Oxford University Press, 1997). もっとも、一九九六年法三〇二条によって導入された Open Video Systems (OVS) の制度が今後、おおいに利用されることになるか否かはなお予断を許さない。OVSの運営者はケーブル事業者と異なり、地方自治体へフランチャイズ料を支払う必要はないが、なお道路等の使用料は支払う必要があり、番組提供の申込みが伝送容量を上回る場合は、伝送容量の三分の二までのコントロールを放棄しなければならない。また、OVS事業者は衛星放送事業者との競争にもさらされる。純粋のコモン・キャリアとも純粋のケーブル事業者ともいえないOVS事業者が、順調に発展するか否かは、これらの条件のもたらす効果に左右されることになる (cf. Michael Botein, supra n. 6, pp. 430–433)。

(12) 同じ論理はVチップが普及することによって大部分の家庭がどのような番組を視聴するかについて現在より強い選択能力を得た場合についても延長可能であろう。イェール大学のバルキン教授によれば、プリント・メディアと異なる放送の特殊性は、放送番組が無料で次々家庭に流入するために、家庭の側でどの番組を視聴するかを選択することが困難である点にある。書籍やヴィデオ・カセットであれば、人はそもそも購入するか否か、何時それを読む(視聴する)かを自由に選択できる。インターネットで得られる情報についてもほぼ同様である。これに対してテレビの場合は、時間軸に沿って番組が次々流入するために、たとえば子どもに見せたくない番組を見せないようにするためには、テレビのある部屋で常時つきそっていなければならない。こうした見方を延長すると、もしVチップが普及して、そのフィルタリング機能を活用することができるようになれば、テレビもプリント・メディアと同様の存在となり、特殊な規制をかける必要はなくなることになる(J. M. Balkin, Media Filters, the V-chip and the Foundations of Broadcast Regulation, 45 *Duke Law Journal* 1131 (1996))。

　連邦通信委員会の委員長であったリード・ハント(Reed Hundt)氏は、放送事業者が時間帯規制の枠を超えて品位の欠けた番組を放送しようとするのであれば、Vチップのような親による番組のフィルタリングを可能とする技術が必要となると指摘する(The Public's Airwaves: What Does the Public Interest Require of Television Broadcasters?, 45 *Duke Law Journal* 1089, 1120 (1996))。逆に言えば、Vチップが標準装備されるのであれば、時間帯規制の必要は薄れるわけである。

(13)　なお、アメリカの一九九六年通信法はその五〇四条から五〇六条までの三カ条で、ケーブルで送信される品位のない番組について新たな規制を設けている。条文の規定からすると、これらの新たな規制の下では、一人の視聴者の要求によって品位のない番組の送信が全面的に暗号化されなければならないかのようにも解釈できる。この規制がデンヴァー・エリア・コンソーシアム判決に照らして合憲といえるか否か、明らかとはいえない(cf. Thomas G. Krattenmaker, *Telecommunications Law and Policy*, p. 622 (Carolina Academic Press, 1998))。

プロムナード　その9

シジウィックはこのことを魅惑的な文章でつづっている。「かくして慎重に述べられた功利主義の結論はこうなるように思われる：内密に行われることではじめてある行為が正しい行為となるという見解はそれ自体内密にされるべきである。そして同様に、秘教的道徳が便宜に適うという主張そのものも秘密にすることが便宜に適うと思われる。」シジウィックは、適切にもこの文章を『倫理学の方法』の四九〇頁に埋没させている。

——ジョナサン・グラヴァー

結果からすれば、一人の人間がそれをするかしないかでほとんど、あるいは全く違いが生じないであろうような行為がある。選挙での投票もその一つである。

選挙で筆者がどの候補者に投票するかにより、ある候補者が当選したり落選したりする可能性はお話にならないくらい小さい。暑い夏の日に、あるいは雨のしとしと降る中を、わざわざ投票に行っても、それで選挙の結果に違いはない。いわんや、全国的に行われる選挙に筆者の投票行為がもたらす影響など無に等しい。こんなことは、少し落ちついて考えてみれば（あるいは落ちついて考えてみなくとも）すぐにわかることである。

もちろん、投票に行く理由は、それが選挙結果に何らかの影響を及ぼすからではないという人もいるであろう。ある候補者からお金をもらっているからという理由は論外としても、選挙で投票するのは公民としての義務であり、自分の投票の結果が何を生み出すかという計算とは関わりなく遵守されるべきものだという人もいるであろうし、あのファッショ的官憲イデオロギーの代弁者たる最高裁裁判官に×をつけてやらないことには自分の気が済まない、たとえ大海の一滴であろうとも「善き社会」あるいは「善き最高裁」を実現するために自分のできる限りのことはやるべきだという人もいるかも知れない。

他方、結果に着目して行為の善し悪しを判断する帰結主義の観点からしても、もし筆者自身が投票に行かないだけではなく、投票に行ってもそれで選挙結果には何の影響もないという、一人一人については本当のことを筆者がいい広めることには問題があるという批判が考えられる。一人一人についてはその通りであるとしても、このような見解にもとづいて多くの人が投票を棄権すれば、結局は民主政治そのものが揺るがされることになる。そして、もしある考え方、とくに道徳的問題に関する考え方が適切なものであるとすれば、各個人がそれに即して行動することが適切であるだけではなく、世に広く流布して多くの人々がそれに即して行動することも適切でなければならないように思われる。もし、ある人が他の人には内緒である行動をとることは適切であるが、同じことを多くの人がやれば適切でなくなるのであれば、やはりそうした行動をとることは帰結主義の観点からしても首尾一貫しているとはいえないのではないかという疑念が生じうる。

しかし、このような潔癖な一貫性を要求することに、どれほどの意味があるだろうか。一人の有権者が投票するかしないかは、選挙結果にほとんど全く影響を及ぼさないということ自体は紛れもない事実である。この事実を筆者が吹聴して多くの人が筆者の見解に納得すれば、そのため、好ましからざる付随的結果が起こるかも知れない。そうであれば、筆者としてはこっそり自分だけで棄権すればいいわけである。帰結主義の観点を一貫しようとするならば、むしろ、これこそがあるべき結論のように思われる。

憲法学者の樋口陽一教授は、認識と評価とを区別する方法二元論との関連で、「認識と評価とは別だ」という認識から「両者を区別すべきだ」という評価を直ちに引き出すことは、方法二元論そのものと衝突すると指摘する。認識と評価との区別は、あくまで研究者の思想上の選択であり、価値判断の問題であるとされる。

ある研究者の到達した認識を公表することが、その研究者の奉ずる実践的価値にとって好ましからざる付随的効果をもたらすことが予測される場合、考えられる選択肢は三つあると教授はいう。一つは、付随的効果は無視し、研究結果の公表を含めた認識行為にたずさわるという「単純峻別論」、第二は、好ましからざる効果が予想される場合には、それに応じて認識の公表を差し控えるという「自覚的結合論」、そして、第三は、認識行為にはそれとして徹し、結果の公表も行うが、好ましからざる効果についてはそれを抑制するための評価ないし実践的態度の表明を行うという「批判的峻別論」である(樋口陽一『近代憲法学にとっての論理と価値』第一章(日本評論社、一九九四)、同「「知」の賢慮に向けて」小林康夫＝船曳建夫編『知のモラル』所収(東京大学出版会、一九九六))。

一人の有権者が投票するかしないかは、選挙結果にほとんど全く影響がないという認識に筆者が到達した場合、この結論を広く公表することがどのような効果をもたらすかを全く顧慮せず、認識は認識として公表するというのが第一の「単純峻別論」であり、広く公表することの効果を顧慮して公表は差し控えるというのが第二の「自覚的結合論」、公表は行うがそれによって民主政が揺るがされることになっては困るので、「それでも投票には行って下さいね」というのが「批判的峻別論」である。

さて、このうち帰結主義の一貫性という観点から最も筆者が興味を覚えるのは、第二の「自覚的結合論」である。それというのも、ある研究者が「自分は自覚的結合論者である」ということを明らかにすることは、「自覚的結合論」の目的に背馳するように思われるからである。「場合によっては本当の病名を患者に告げないこともありうる」と予め宣言している医者のいうことを、患者は果して信ずることができるであろうか。もし、患者がこの医者のいうことを信じないとすれば、医者が目指している患者にとっての望ましい効果(あるいは望ましくなさのより少ない効果)の実現も困難となろう。したがって、「自覚的結合論者」が自らを「自覚的結合論者」であると同定することは期待薄である。たとえ筆者が「自覚的結合論者」だとしても、筆者は自分が

「自覚的結合論者」であることを決して明かしはしないであろう。

筆者は、一人の投票が選挙結果にほとんど全く影響を及ぼさないという事実を知ったからといって(それはわざわざ人に教えてもらうほどのことでもないが)、世の人は怒涛の如く棄権したりはしないと考える。むしろ、この事実を意識することは「なぜそれを知りつつ自分は投票するのだろうか」という疑問に人を向かわせることになると考える。人は少なくとも全面的な帰結主義にもとづいて生きているわけではない。

ところで、投票には行って下さいね(ほら、筆者は自覚的結合論者ではない)。

おわりに

憲法論の多くがあやふやだと知りつつなぜ我々はそれにひき込まれるのか、それが知りたい。

――ルイス・マイケル・サイドマン&マーク・タシュネット

本書に収められたプロムナードは、もともと有斐閣のPR誌『書斎の窓』に「憲法学のエピグラフ」という題で連載されたものである。連載中は、なぜ「憲法学のエピピラフ」なのかとか、「エビフライ」読んでるなどと知人から言われていた。甲殻類に対する日本人の嗜好に改めて気づかされる。

これも連載中のことであるが、たまたま大学の近くの蕎麦屋で同僚の教官と一緒に食事をしたところ、連載の内容がどのように憲法と関係するのか、一般の人にはわかりにくいのではないかとの指摘を受けたことがある。筆者は無意識のうちに憲法の専門家を読者として想定していたかも知れない。

憲法学者は憲法の専門家である。専門家は、一般人が日常的には出くわさないことを日常的に取り扱う。毎朝通勤する人を「通勤の専門家」とはいわない。有能な外科医は、毎日のように難手術をするかも知れない。各患者は、一生に一度の危機に瀕した自分のために、外科医が精根込めて手術することを期待するだろうが、外科医にとってあなただけを特別視する理由はない。一般人が滅多に出会わない非常事態を平常事として処理する点に、専門家のメリットがある。

ところで、憲法学者が取り扱う問題の中には、憲法典の文言を引き合いに出すことで直ぐに答えの出る問題とそうでない問題とがある。参議院議員の任期が何年か、という問題は前者の例である。憲法四六条は、「参議院議員の任期は、六年とし、三年ごとに議員の半数を改選する」と定める。任期九年で三年ごとに三分の一を改選しようが、任期八年で四年ごとに半数を改選しようが、とくに不都合はないであろうが、ともかく何かに決まっていないと困る。憲法が、任期六年で三年ごとに半数改選と定めているのであれば、それ以上とやかくいうべき問題ではない。

憲法学者が通常議論する問題は、こうした聞いた途端に欠伸が出そうな話ではなく、憲法典の「解釈」が要求される問題である。憲法典の文言がその問題にどのような答えを与えているのか不明瞭であったり、複数の条文が互いに矛盾する答えを与えているように見えたり、あるいは条文の与えているかに見える答えが余りにも不適切で、到底受け入れがたいと思われる場合である。こうした場合に、憲法典の文言を回答の決め手として使うことは、そもそもの前提からして不可能である。憲法典の文言が決め手とならないからこそ「解釈」が必要となる。

具体的な法解釈に必要な能力は、アイザィア・バーリンのいう「政治的判断 political judgement」の能力と似たところがある(Isaiah Berlin, Political Judgement, in his *Sense of Reality* (Chatto & Windus, 1996))。直面した具体的事案を法的に解決する能力は、所与のアプリオリな論理をどこまで一貫して適用することができるかという分析的能力というよりはむしろ、目前の問題が他のよく似た、参考となる前例とどこが似ており、どこが違うかを鋭く見抜くとともに、さまざまな、しかしそれ自体としてはさして深遠な専門知識を要しない常識的な知見を総合してそれを解決する能力である。それぞれ複雑な個性を持った具体的事件に、良識のある人間であれば誰でも知っていてしかるべき雑多な知識をいかにあてはめ、妥当で多くの人々の納得を得られるであろうような結論を得るかが問題となる。法的解釈の能力と政治的判断の能力のどこが違うかといえば、これまた一般的にいえば、すぐれた政治家であるためには必ずしも学識豊富である必要はないが、すぐれた法律家であるためにはそうはいかないという点であろう。法律家は自らの下した結論を、公表される文章によって普遍的に妥当する根拠で理由づける必要がある。バーリンの挙げる例でいえば、ビスマルク、アウグストゥス、ディズレーリなどは、必ずしも当代の一級の知識人と比肩しうる学識を持っていたわけではないが、それでもその政治的洞察力によってすぐれた政治家として活躍することができた。他方、ある問題に関する代表的な先例や参考となる文献に関する十分な知識を持たない法律家がすぐれた法律家でありうるとは、およそ考えられない。別の言い方をするならば、政治の天才は存在しうるが、天才的法律家はありえない。

今述べたのは、憲法典がある問題について明確な回答を与えていないために「解釈」が要請される場合のはなしである。しかし、さらに、憲法典がその問題について何ごとかを明確に語っているにもかかわらず、その文言を根拠に答えを出すわけにはいかない問題もある。たとえば、憲法九八条は、憲法が「国の最高法規」であると規定する。しかし、日本国憲法がなぜ日本国の最高法規なのかという問いに対して、「憲法にそう書いてあるからね」と答えたのでは、「彼は正直者だろうか」という問いに、彼自身が自分のことを正直者だと言っているから正直者だろうと答えるようなものである。たしかに彼が正直者であれば、正直者だと正直に言うであろうが、嘘つきであっても正直者だと嘘をつくであろう。日本国憲法が日本の最高法規であるか否かも、憲法自身がこの点について何を言っているかとは独立に答えを出す必要がある。

そもそも憲法になぜ従うべきなのかという問題も同種の問題である。この問いに対して、憲法九九条に憲法の尊重擁護義務が定められているからと答えるのは、自分を持ち上げるために自分の靴紐を引っ張る類の議論である。なぜ政府の権威の正当性を認めるべきなのか、なぜ国家の設営に国民として、市民として協力すべきなのかという問題も、同様に、憲法典に何が書いてあるかとは独立に、それを超えて考察する必要がある。これらの難問に対する答えは一色ではないであろうが、各論者の答えが決まれば、その答えをもとに憲法典の文言が説明されることになる。その逆ではない。

もちろん、こうした問題について、憲法典の文言が何の手掛かりも与えないわけではない。憲法九八条に、憲法が「国の最高法規」であると定めてある以上、憲法以外に最高法規があると主張しようとするならば、それ相応の準備と論証がなくてはならない。それがない以上、憲法以外の法規が最高法規であるという主張は説得力を欠くであろう。憲法典の文言は、特定の考え方がそれと適合しない場合に、その考え方を排斥する根拠にはなる。ある考え方が説得力のある考え方として受け入れられるためには、他の考え方と比べて、憲法の文言やその全体構造とよりよく符合し、それらをよりよく説明するものでなくてはならないはずである。

しかし、繰り返しになるが、憲法典が「国の最高法規」であるのは、憲法の条文にそう書かれているからではない。憲法が日本の最高法規であるのは、現に、日本国憲法が国の最高法規として、裁判官・政治家・官僚など憲法の運用に携わる人々によって、さらには大部分の国民によって、受け入れられているという事実があるからであり、そのため、今後も最高法規として受け入れられ続けていくという見通しがあるからである。この種の事実は、その存在自体によって自己再生産を続ける。日本銀行券が日本の通貨であるのが日本銀行法にそう書いてあるからではないことと同様である。日銀券が、通貨として人々に一般に受け入れられているという事実にもとづいて通貨として通用しているというように、日本国憲法も最高法規として、法の運用者を中心とする人々に広く受け入れられているという事実により、最高法規として通用し、そうし続けていく。憲法が国の最高法規なのは当然のように見えるかも知れないが、それは憲法にそう書いてあるからではなく、大多数の人がそれを当然だと考えるから憲法が国の最高法規なのである。そして、最高法規である以上、その憲法典の文言と衝突する解釈は説得力を欠くという論理の順番になる。

こうした議論は、簡単なはずの問題をことさらわかりにくくするように見えるかも知れない。国の最高法規が何かという問題を、人々が何をそれとして受容しているかという事実に依存させるのは、国の基盤や憲法学の根拠をとてつもなくあやふやにするトレチャラスな議論のように思われるかも知れない。一般の人々は、革命やクーデターのような非常時を除いて、こうした問題には滅多に出くわさない。不磨の大典と見えるものの底にある奈落を垣間見ることもない。日々こうした問題とつきあうために、奈落を見ても平気でいるのが憲法の専門家である。

プロムナード解説

本書に収められた「プロムナード1〜9」と「おわりに」は、もともと「憲法学のエピグラフ」という題目で、有斐閣のPR誌『書斎の窓』に一九九八年一月号から一二月号まで一年間にわたって連載された。有斐閣アカデミアの馬場喜信氏のおすすめにしたがって執筆したものである。ここでは、各エピグラフの出典を明らかにするとともに、関連する文献案内を含めてコメントを付すこととする。

*

多くのことがらでは、適用される法的ルールが定まっていることの方が、それが正しく定まることより重要である。

——ルイス・ブランダイス

アメリカ連邦最高裁のブランダイス裁判官が Burnet v. Coronado Oil & Gas Co., 285 U.S. 393 (1932) 事件の反対意見の中で述べたことばである。先例拘束性 (stare decisis) 原則を支える実質的論拠としてしばしば引き合いに出される。逆にいえば、先例拘束性は、この程度の理由によって支えられるものに過ぎず、適用されてきたルールの誤りが明白であったり、憲法解釈のように、憲法改正手続を経なければ解釈の変更が難しい場合には、先例に拘束されるべき理由は弱まる。

典型的な判例法国とされるイングランドにおいても、厳格な先例拘束主義が確立したのはせいぜい一九世紀後半からのことであり、しかも、それは成文法国をモデルとして判例法の不確定性および事後法的性格を批判するベンサムの議論への対応として形成されたものである(A. W. B. Simpson, The Common Law and Legal Theory, in *Oxford Essays in Jurisprudence*, ed. by A. W. B. Simpson, pp. 98–99(Oxford University Press, 1973); Jim Evans, Precedent in Nineteenth Century, in *Precedent in Law*, ed. by L. Goldstein, pp. 64–72 (Oxford University Press, 1987))。事前に公示される明確な「法の支配」を提唱したベンサムは、自らの意図とは関わりなく、先例拘束主義を生み出すことになった。判例法の本来の姿からすれば、判例法は、歴史的に形成された社会の叡知に照らしつつ、状況の変化に応じて変転しうるはずのものである。

これに対し、日本のような成文法国において、成文法について最高裁判所が有権解釈を下した場合、「成文法の支配」という表看板を守ろうとすれば、その解釈を変更することはむしろ困難となる。成文法国である日本の方が判例法国よりも一見したところ判例の拘束力が強いという現象は、したがってさして不思議ではない。

ネズミの生が不条理でないのは、彼には自分がネズミにすぎないことを気づくのに必要な自己意識と自己超越の能力が欠けているからである。……自己意識が与えられたとすれば、ネズミは答えのない疑問に満ちた、しかし捨て去ることのできない目的にも満ちた、無味乾燥で気の狂いそうな生に戻っていかなければならない。

――トマス・ネーゲル

＊

トマス・ネーゲル(Thomas Nagel)は筆者の好みの哲学者の一人である。このことばは、彼の *Mortal Questions* (Cambridge University Press, 1979)の第二章からとったものである。本書は『コウモリであるとはどのようなことか』という題目で邦訳されている(永井均訳、勁草書房、一九八九)。人は、自分が人間にすぎないことを気づく能力を備えているので、日々気の狂いそうな人生を送らざるを得ない。もっとも、この能力が完全に欠如した人間は正気とはいえないであろう。比較不能性については、拙稿「憲法学における比較不能性」芦部信喜先生古稀祝賀『現代立憲主義の展開』下(有斐閣、一九九三)で、憲法学にとっての含意について触れたことがある。

相互に比較不能な多様な世界観を抱いて生きる人々が、それでもなお共存しうる条件を備えている点に、リベラルな民主社会の特質がある。このような条件が何かを探るのが憲法学の主要な任務である。この点については、拙稿「文化の多様性と立憲主義の未来」井上達夫他編『法の臨界』第一巻(東京大学出版会、1999)を参照されたい。

なお、筆者は本当にカラオケが嫌いである。

*

私はいかなる党派にも属さない。すべての党派を打倒するのだ。

――サン＝ジュスト

テクストでもことわったとおり、筆者がこのことばに出会ったのは、アルベール・カミュの『反抗的人間』(佐藤朔・白井浩司訳、新潮社、一九七三)でのことである。革命期の議会議事録 *Archives Parlementaires*, première série (1787 à 1799), tome XCIII (édition du Centre national de recherche scientifique, 1982) では、五五八頁以下にサン＝ジュストの演説が掲載されている。

多数決を正当化する筋道はいくつかある。現在の日本でよく使われる議論の中には、たとえば、空港を作るか否かが議論されている場合では、とにかく投票をやってみて空港を作るためにそのお金を使いたいという人が多いのであれば空港を作ればよいだろう(そうでなければ作らなければよい)というものがある。こうした考え方の背後にあるのは、政治的決定は、それがより多くの人々を幸せにし、より少ない人々を不幸にするものであればあるほど正しいという端的な功利主義である。より多くの人々が空港を(あるいは原発を)作ることに賛成なのであれば、空港を作る決定は、より多くの人々を喜ばせ、より少ない人々を悲しませる。その結果、社会全体の幸福の集計量は増大する。

もっとも、単純な多数決では各人の決定に対する賛成・反対の強さを勘定にいれることができない。ある決定に強く反対する人も、どちらかといえば反対という人も、同じ反対票として勘定されてしまう。こうした選好の強さを勘定に入れる方策も(不完全ながら)ないわけではない。たとえば、一ヵ月のうちレファレンダムを催すべき機会が一〇回あったとする。このとき各有権者に一〇票を割り当てると同時に、各有権者に各自が強く賛成する(反対する)政策については、一票を超える票数を投じることを許せば、各有権者は自分の持つ一〇票の範囲内では、賛成・反対の強弱を含めて自分の見解を各投票結果に反映させることができる。

コンドルセの定理にもとづく説明は、功利主義による正当化とは異なり、人々が各政策について持つ選好を集計した結果が直ちに実施されるべき政策を決めるという考え方をとっていない。何がその社会にとって正しい政策かは、人々の主観的な好き嫌いとは独立に、客観的に決まっている。多数決は、この客観的に定まっているはずの正解を見いだす手段になるという説明である。コンドルセの定理は、グロフマンとフェルドが示す通り、多数決が公共問題についてなぜ正しい結論を導くといえるかという難問に、限られた射程の下ではあるが、一応の答えを与えると同時に、ルソーがなぜ政党をはじめとする中間団体に敵対的な態度をとったかをも説明する。

こうした問題は、現代の憲法問題にとっても無縁ではない。ドイツの憲法裁判所は、ネオ・ナチの社会主義ライヒ党を違憲と決定した裁判の中で、ワイマール憲法をはじめとする第一次大戦後のドイツの諸憲法が政党についてほとんど言及しなかった理由は、「つきつめていえば、諸個人の意思を集計することで構成され、全人民を代表する議員によって議会に代表される全人民の意思と自由な諸個人とを媒介する中間団体の承認を拒否する民主的イデオロギーにある」と指摘している(BVerfGE 2, 1(1952))。第二次大戦後のボン基本法は政党の存在を正面から認め、こうした態度と訣別した。日本国憲法にも政党への直接の言及がないが、そのことをここまで突き詰めて分析する例は少ない(例外として樋口陽一教授の『憲法』改訂版(創文社、一九九八)を見よ)。このほか、法人に「人権」があるといえるのか、司法部門は民主的正統性を持つ政治部門の決定に対していかなる観点から審査を行うべきか等の問題についても、コンドルセの定理は一定の示唆を与える。問題状況の簡単な整理として、拙稿「多数決の『正しさ』と人権の保障――ルソーの一般意思論とコンドルセの定理」国際人権七号(一九九五)がある。

*

参謀：何千もの日本のミサイルが本土を発進し、合衆国を目指して巡航中です！　アメリカ軍はとても抑えきれません。

大統領：なんてことだ。どうしてかね？

参謀　：日本製は安くて正確で故障しませんからね。アメリカ製よりはるかにモノがいいんです。
大統領：うぅむ、こうなったら輸入割当交渉がまとまるまで、税関で抑えるしかないな。
——『アレックス』('Alex' は Daily Telegraph で連載中)

プロムナードのテクストでことわっている通り、イギリスの新聞 Daily Telegraph の連載漫画『アレックス』のセリフの一節を借用している。インターネット上の Electronic Telegraph 〈www. telegraph. co. uk〉でもアクセスできる。

主人公のアレックスはロンドンの大手銀行員である。傲慢なスノッブで古典的性別役割論者であり、出世欲が強く貪欲で仕事にからむ役得を巧妙に算段して金融界を生き抜いていくムカつく人物として描かれている。引用した一節は、アレックスが休暇中に '…… War with Japan' なる書物を読みながらいつしか眠りに落ち、彼自身対日戦争に参加する夢を見るという文脈からのものである。この一節では戦争はなお通商レベルにとどまっている。単行本では Charles Peattie and Russell Taylor, *Alex Sweeps the Board* (Headline, 1996) に収録されている。

テクストで描いた日本の最高裁判例の立法過程観は、必ずしもあらゆる立法が特定の団体の私的利益をはかっていると前提してはいないことに注意が必要である。立法の目的と手段とに関する厳格な審査の上で、なお真に公益をはかる立法が生き残ることが予想されている。あらゆる立法がそれぞれの固有の利益の実現をはかる私的団体の競合と妥協の産物であるという見方はあまりに一方的である。さもなければ、「規制緩和」が立法過程を通じて実現されているという事実も説明が困難となる。たとえ現在論議されている「規制緩和」が、公益のためにはなってはいるが業界の商売の邪魔になる規制を取り払うために行われているのだとしても、少なくともかつては、真に公益をはかる規制が生み出されていたことになる。

*

ヒロシマか本土侵攻かという二者択一は、あまりにも硬直的で真実味に欠ける。

——タミ・デイヴィス・ビドゥル

Tami Davis Biddle, Air Power, in *The Laws of War*, eds. by Michael Howard, George J. Andreopoulos, & Mark R. Shulman, p. 157 (Yale University Press, 1994) からの引用である。この二つしか途がないという事態はにわかには信じがたい。「本当にそれしかないのか」という問いかけは、「戦争と平和」という人間の頭を硬直させがちな問題領域では重要である。実際には他の途もあったかに見えるにもかかわらず硬直的な解決策がとられた場合には、その選択がいかなる前提にもとづくものであったかを、将来におけるより適切な対処のためにも、冷静に考察する必要がある。

マイケル・ウォルツァーも指摘するように、戦争は「際限なき地獄」でありそこに守るべきルールはないとのテーゼは『墨子』にもすでに見られる(「非儒」篇)。『墨子』の議論を適宜再構成すると次のようになる。①二つの国がいずれも正しい国であれば、互いに戦うはずはない。②両国がいずれも邪な国であれば、ルール通りに戦ったからといって邪でなくなるわけではない。③正しい国と邪な国とが戦うのであれば、正しい国はこの世の悪を除くために徹底して戦うべきであり、ルール通りに戦うか否かは問題とならない。

この世界では、相互に比較不能な世界観を持つ国家同士が隣合って存在することがしばしばある。あらゆる境界線が多かれ少なかれそうであるように、「国境」の存在意義の一つは、相互に比較不能な生のあり方を、その両側に保つことにある。こうした場合、いずれの主張が「正しい」かを決定する共通のものさしは存在しない。そうした普遍的なものさしが存在するというものの見方が、目的の正当性はあらゆる手段を正当化するとの立場と結びつけば、戦時国際法の価値低下を導くことになるであろう。

テクストで扱った問題は、立憲主義と絶対平和主義との両立可能性とも関連している。この問題については、拙稿「平和主義の原理的考察」憲法問題第一〇号(一九九九)で論じた。

＊

社会通念が如何なるものであるかの判断は、現制度の下においては裁判官に委ねられているのである。……裁判官が良識に従い社会通念が何であるかを決定しなければならぬことは、すべての法解釈の場合と異なるところがない。

——チャタレー事件最高裁判決

いわゆるチャタレー事件最高裁判決の多数意見(最大判昭和三二・三・一三刑集一一巻三号九九七頁)からの引用である。何が「わいせつ物」にあたるかを裁判官が判断するに際しては社会通念に照らして判断されねばならないが、その「社会通念」が何かを決定する権限も裁判官にあることがここでは示されている。

トロペール教授の解釈理論は、彼の論文の邦訳「違憲審査と民主制」日仏法学一九号(一九九五)の中で簡便にまとめられている。トロペール教授は筆者の留学中に樋口陽一教授に紹介していただいてから、国際会議等でよく顔を合わせる。彼の主宰するパリ第一〇大学の研究会で報告をしたことがあり、そこでこのチャタレー事件判決のことばを引用したところ、彼は、日本の最高裁は昔からトロペール理論を実践していたのだと、大いに意を得た様子であった。このときの筆者の報告は、拙著『権力への懐疑』第八章と内容が重なっている。ウィトゲンシュタインの言語観とその解釈理論への適用については、拙稿「制定法の解釈と立法者意思」山口俊夫先生古稀記念『現代ヨーロッパ法の展望』(東京大学出版会、一九九八)で簡単に論じたことがある。

この作品はフィクションであり、実在する人物・団体とは関係がありません。

＊

ドラマの末尾に現れるおなじみのテロップである。言い回しは放送事業者ごと、番組ごとに微妙に異なる。このテロップは、フィクションとは何か、それと対立する実在とは何か、という根本問題を提起している。東京大学や警視庁については、それ自体は団体ではなく、団体たる日本国や東京都の機関にすぎないとの批判があるかも知れないが、その場合でも、日本国や東京都までさかのぼればテクストで述べたことはほぼそのまま妥当する(この種のテロップが法人格を持つ存在だけを問題にしているとも考えにくいが)。

ベンサムのフィクション論が憲法学に与える示唆については、拙著『権力への懐疑』第三章および第七章で触れたことがある。ベンサムによれば、何を「実在」として概念化すべきかそれ自体も、いかなる選択が快楽と苦痛の差引量を最大化するかという効用原理に指導される。このベンサムの立場は、次のようなポストモダニストの主張を先取りしている。「山が本当に存在するのか、それとも山について語ることが我々にとって便利なだけなのかを論ずるのは無駄である。山について語ることが有益なのであれば、それについて語ろうと語るまいと山は存在する」(Richard Rorty, *Truth and Progress*, p. 72(Cambridge University Press, 1998))。山について語ることが有益なのは山が実在するからではないかという反論は、意味をなさない。概念化に先立つ実在それ自体は、カントがいうように、不可知だからである。

「私」の存在をも不用とする末尾の考え方については、デレク・パーフィット(Derek Parfit)の『理由と人格』(森村進訳、勁草書房、一九九八)、とくにその第Ⅲ部を参照されたい。結論に賛同するか否かはともあれ、そこで展開される目も眩むような思考実験の数々に立ち会うことは、読書が稀にしか与えてくれない興奮と眩暈を呼び起こす。

日本では、家族全体での視聴に適した番組と大人向きの番組とを時間帯によって区別し、たとえば夜一〇時以降子どもが見る番組について、各家庭の責任を喚起する制度は、一九九九年にいたるまで、放送事業者の自主規制としても採用されてこなかった。時間帯による規制の仕組みは番組内容に関する限り自主規制を中心として運営されてきた従来の放送のあり方と親和的である。暴力的内容の番組の放映と少年による暴力事件の発生との因果関係を厳密に検証することは不可能であり、この問題について直接的な公的規制を導入することは憲法の保障する表現の自由の観点からして、難点が多い。

他方、第九章でも述べた通り、アメリカの一九九六年通信法が採用を決めたVチップは、放送事業者が番組を格付けし、各家庭が、それぞれの選択する水準を超える番組の受信を包括的に遮断できる仕組みであり、この仕組みが広く普及すれば、家族全体でテレビを視聴する「お茶の間」に招かれざる情報がいきなり飛び込んでくる可能性を前提とする放送の規律根拠は大きく弱まるであろう。各家庭が番組の選択権を回復する以上、放送しうる番組の幅は現在より広がると考えるのが自然である。

Vチップの実効的機能は、ほとんどの番組の格付け(rating)が行われることを前提とする。格付けの仕方については、何を「実在」として概念化するかという問題と同様、唯一の正解があるわけではない。かりに、私的なものにせよ公的なものにせよ、全国で画一的な格付けが行われるとすれば、この格付けを行う機関への、ことばの悪い意味での「政治的」圧力が問題となるであろう。他方、多種多様な格付け機関が併存し、各個人がそれぞれの価値観と選好によって好みの格付けにもとづく番組選択を行うようになれば、放送の視聴がバルカン化し、放送は今までのような、社会生活の基本的情報を社会全体に公平かつ低廉に提供する機能は果たしえなくなる可能性がある。もっとも、因果関係は逆で、実際問題として放送視聴がバルカン化するか否かによって、統一的な格付け機関が出現するか否かが決まると考える方が筋は通っている。

たとえ、Vチップの受像機への組み込み強制が憲法上の審査基準をクリアしうるとしても、それが放送の将来にもたらしうる深刻な問題に鈍感ではいられないはずである。

＊

すべて食物は自分の口に合うものが一番美味である。

——青木正児

中国文学者、青木抱樽正児のことばで、随筆集『酒の肴』に収められた「適口」の冒頭に見える（岩波文庫版『酒の肴・抱樽酒話』では九頁）。青木抱樽は、『随園食単』の訳者として知られる。

テクストで紹介したサルティムボッカのレシピは、イギリスの日刊紙 The Independent の土曜版付録 The Independent Magazine 連載中の Simon Hopkinson（サウスケンジントンのレストラン Bibendum の元シェフ、現在は共同経営者の一人）の料理コーナーからいただいたものである。The Independent は筆者がイギリス留学中、毎日読んだ新聞で、その後もほぼ二日遅れで筆者の生活についてまわっている。二日も待ちきれないという人のために、〈www.independent.co.uk〉が主要な記事を採録している。

概念の綻びに関するテクストの議論は、ウィトゲンシュタインが指摘したパラドックスと同じタイプのものである。

＊

シジウィックはこのことを魅惑的な文章でつづっている。「かくして慎重に述べられた功利主義の結論はこうなるように思われる：内密に行われることではじめてある行為が正しい行為となるという見解はそれ自体内密にされるべきである。そして同様に、秘教的道徳が便宜に適うという主張そのものも秘密にすることが便宜に適うと思われる。」シジウィックは、適切にもこの文章を『倫理学の方法』の四九〇頁に埋没させている。

——ジョナサン・グラヴァー

Jonathan Glover, 'It Makes No Difference Whether or Not I Do It', *Proceedings of the Aristotelian Society*, Supp. Vol. XLIX, pp. 171–190 からとったことばである。

本文でとりあげた批判的峻別論について、筆者は『権力への懐疑』第七章で論じたことがある。批判的峻別論は、ある行為が社会にもたらす帰結を考慮すべきだとしながらも、行為の帰結とその行為をなすべきか否かとは直結していないとする考え方である。社会全体の利益のみが善悪の判断基準となるとの立場からすれば、批判的峻別なるものはおよそ意味をなさないであろう。社会全体の利益はおよそ善悪の判断基準とはなりえず、人はそれぞれ自らの選ぶ道を一人進むしかないとの立場からしても、同様である。批判的峻別論は中間的な、第三の道を探る試みである。

*

憲法論の多くがあやふやだと知りつつなぜ我々はそれにひき込まれるのか、それが知りたい。

——ルイス・マイケル・サイドマン＆マーク・タシュネット

Louis Michael Seidman & Mark V. Tushnet, *Remnants of Belief* (Oxford University Press,

1996）の序文からの引用である。憲法論の多くがあやふやなのは、議論の出発点となるベース・ラインをどこに引くべきかが、自然権の保障を根拠とする司法部の違憲審査が敗北を遂げたニューディール以降、根本的に不確定となったからだという認識が、彼らの主張の核心にある。何が立法府によっても侵害されえない基本権なのか、公共空間と私的領域とを区分する線はどこに引かれるべきなのか、政府の行為のうち何が既得権の侵害であり何が恩恵的給付なのか、これらの問題に答えるためのベース・ラインが不確定化した結果、われわれはいかなる憲法問題についても確実な答えを得られないでいる。

もちろん、このような状況が大変困ったものだと感ずるのは、論争を呼ぶような実質的価値判断から隔離された、誰もが納得するであろうような共通の枠組みが憲法論の基盤になければならないという暗黙の前提があるからである。ありもしないものが無ければ困ると前提するから、無いことがわかって困るのであって、無いものは最初から無いのだと諦めをつけない点に困ってしまう理由がある。

法秩序を基礎で支えているのが、テクストで描いたような自己再生産的な社会意識の循環であるという点は、H・L・A・ハートが『法の概念』（矢崎光圀監訳、みすず書房、一九七六）で指摘している。さらにその実質的論拠を探すなら、前述した「調整問題」の概念が助けとなる。何が日本の最高法規であるかも、誰が主権者であるかと同様、とにかく何かに決まっていてくれることが肝心である。日本社会で通用する通貨が何かも、同様である。

憲法典が憲法典自身について何を言っているかが、憲法典に関する実質的主張の論拠となりえないという論点は、いわゆる「うそつきのパラドックス」と同様、「自己言及」問題の一場面である。この点については、さしあたり、拙著『権力への懐疑』第一章を参照。

初出一覧

第一章「リベラル・デモクラシーの基底にあるもの」法学教室 二二三号(一九九九)
第二章・第三章 原題「個人の自律と宗教団体の活動」法学セミナー 四九六号(一九九六)・「自由と平等」法学セミナー 四三七号(一九九一)
第四章 原題「二重の基準論」別冊法学セミナー司法試験シリーズ『憲法II』第三版(一九九四)
第五章「主権概念を超えて?」長谷部恭男編『リーディングズ現代の憲法』(日本評論社、一九九五)
第六章 書き下ろし
第七章 書き下ろし
第八章「多チャンネル化と放送の自由」日本民間放送連盟編『「放送の自由」のために』(日本評論社、一九九七)
第九章 書き下ろし
おわりに 原題「憲法学のエピグラフ その10」書斎の窓 四八〇号(一九九八)
プロムナード その1「憲法学のエピグラフ その1」書斎の窓 四七一号(一九九八)
プロムナード その2「憲法学のエピグラフ その4」書斎の窓 四七四号(一九九八)
プロムナード その3「憲法学のエピグラフ その3」書斎の窓 四七三号(一九九八)

プロムナード その4 「憲法学のエピグラフ その2」書斎の窓 四七二号(一九九八)
プロムナード その5 「憲法学のエピグラフ その8」書斎の窓 四七八号(一九九八)
プロムナード その6 「憲法学のエピグラフ その6」書斎の窓 四七六号(一九九八)
プロムナード その7 「憲法学のエピグラフ その9」書斎の窓 四七九号(一九九八)
プロムナード その8 「憲法学のエピグラフ その7」書斎の窓 四七七号(一九九八)
プロムナード その9 「憲法学のエピグラフ その5」書斎の窓 四七五号(一九九八)
プロムナード 解説 書き下ろし

岩波人文書セレクションに寄せて

本書は最初、一九九九年に刊行された。当時と現在では、法制度をはじめとして背景となる状況や筆者自身の見解が変わった点もある一方、変わらぬ点もある。

第一章から第五章までは、立憲主義に関する基本的な考え方が述べられている。この点について、筆者の見解に変化はない。

立憲主義は、この世に生きる人々は、社会的地位、能力、価値観、人生設計等の点できわめて多種多様であるとの認識に立った上で、すべての人を平等な個人としてフェアに扱う政治制度の仕組みを構築しようとする。価値観・世界観の対立が顕著にあらわれるのは、宗派間の対立の場面である。近代立憲主義は、宗教改革後の激烈な宗派間の対立を背景とし、それでもなお多様な人々が共存し、社会生活の便宜とコストを公平に分かち合うための仕組みとして構想された。個人の自由な生き方と、社会全体の利益の実現に向けた理性的な審議・決定のプロセスを両立させることが目指される。そのための手立てとして、公と私の分離、憲法典の硬性化、権力の分立、違憲審査、軍事力の限定等、さまざまな制度が用意される。

自分の信条は正しいのだから、他人にとっても正しいはずだと考えがちな人間の本性からすれば、無理を強いることになるこの理念は、憲法について考えるとき、つねに羅針盤として携えられるべきものである。最近、自らが是とする特定の価値観を盛り込むために日本国憲法を変えようとする動き、そのための手段として九六条の定める発議要件を緩和しようとする運動がある。こうした運動の意図と予測される効果も、それによってないがしろにされかねない立憲主義の観点から、見定める必要がある。

近代以降の道徳理論は、功利主義に代表される帰結主義(consequentialism)と非帰結主義(non-consequentialism)とに大きく分類される。非帰結主義は(誤解されることが多いが)、行為や政策の帰結の善悪が、行為や政策の善し悪しの判断に関わりがないと主張するわけではない。帰結の善悪の**み**によっては、行為や政策の善し悪しの判断はできないと主張するにとどまる。

非帰結主義的考慮が要請される局面として、すべての個人に認められるべき同等の地位がある。「プロムナード　その1」で描いたように、五人の命を救うために一人の身体を切り刻んで臓器をそれぞれ移植することは、帰結主義からすれば肯定される(少なくともこっそりやれば)。しかしそれは、一人の命を単なる道具として扱う行動である。そうすべきでない義務は、カントのことば遣いを借りるならば、行為者に裁量の余地を認めない「完全な義務」である。他方、五人の命を救う方法は、他にもいろいろと考えられる。

立憲主義の核心にあるのは、すべての人を個人として同等に扱い、そうした地位をすべての個人に承認する非帰結主義的要請である。人の命に値段をつけて、足したり引いたりして、相互に比較することはできない。そうした計算が許されるとき、侵されてはならない大事なものが損なわれる。特定の思想や信条が気に入らないという人々が多いからという理由では、偏見の対象とされる思想や信条を抑圧することが正当化され得ないのも、同じ根拠による。個人の根源的な平等性の保障が、そこでは問題となる。

各人に等しく保障された自由の範囲内で、個人は社会全体としてより善い帰結をもたらさない選択をすることも許される。今晩、豪勢な夕食をとる代わりに、その代金分を遠国の飢餓難民の救済のために寄附すれば、多くの人々が飢えをしのぐことができるかも知れない。しかし、それは義務を超える行為(supererogation)である。是が非でもそうしなければならないわけではない。

立憲主義は帰結主義を排除しない。道路や空港をどの程度の予算の範囲でどこに作るか、治安の維持のために税金で警察官をどの程度、雇うべきなのか、地域経済の発展のために半導体工場を誘致すべきなのか。こういった問題は、個人として大切だと思う信条や世界観は脇において、どんな人でもこの社会で暮らす以上は必要だと思うこと、理由があると思うことは何か、という観点から冷静に観察し、話し合い、決定する必要がある。帰結主義的な考慮が審議の過程に組み込まれることもあり得る。

第五章は、主権という憲法学の基底的概念の一つを功利主義の観点から見直す試みである。政府の権力行使が正当なものであるか否かは、権力行使のあり方とその内容に依存する問題であり、権力の淵源がどこにあるかは副次的な問題である。この視角を突き詰めると、憲法の正当性を検討する上で、いわゆる国民の憲法制定権力なる概念が持ち得る有効性も疑わしくなる。拙著『憲法の境界』(羽鳥書店、二〇〇九年)第1章「われら日本国民は、国会における代表者を通じて行動し、この憲法を確定する」は、憲法制定権力という概念は、憲法学から消去可能であると主張する。正当と言い得る枠内に収まった、機能している憲法が現にそこにあるかが肝心な問題である。

第六章以降の広い意味での情報法にかかわる論考は、技術の進展を反映した法制度の変化のため、out-of-date となっているところがある。第八章第一節の冒頭で紹介した「放送」概念は、二〇一〇年の放送法の大改正により、「公衆によって直接受信されることを目的とする電気通信の送信」とされた(現放送法二条一号)。かつての「無線通信の送信」が「電気通信の送信」に変わり、有線によるケーブル・テレビ放送も「放送」に含まれることとなった。このため、放送の伝統的な規律根拠とされた周波数帯の稀少性は、もはや放送サービスのすべてを覆うものではあり得ない。第八章第二節で紹介したマスメディアの「部分規制」論、つまり稀少性や影響力の点で変わるところのない新聞と放送のうち後者のみを規制対象とすることで、社会に存する多様な見解、多様な価値観を放送内容に反映するとともに、自由な新聞を共存させることで規制の行き過ぎを防ぎ、マスメディア全体としては豊かで多様な情報を社会全体に公平に提供することを目指す議論が、有線を含む現在の放送の規律根拠として、その意義を増したと言うことができる。

また、二〇一〇年の法改正では、「基幹放送」と「一般放送」の区別が導入された。前者は、無線で行われる放送のうち、特定の周波数帯の優先的な割当てを受ける代わりに(「座布団付き」と言われることがある)、事業の継続性や番組の編成、集中排除等の点でより重い規律が課される放送サービスを指す(放送法二条二号)。一般放送は、基幹放送以外の放送である(同条三号)。東京を含む関東広域圏で言えば、日本テレビやテレビ朝日等の地上放送事業者が提供するのが典型的な基幹放送である。第八章第四節以下で描いた、従来型の、基本的情報を社会全体に公平に提供することを任務とする放送サービスと、それを補完する周縁的な放送サービスとの区別が、制度上も進行しつつある。

なお白状しておくと、二〇一〇年の法改正の土台となる制度構想を審議した総務省の「通信・放送の総合的な法体系に関する検討委員会」で、筆者は主査を務めた。

各章の間にはさまれた「プロムナード」は、「プロムナード解説」で述べたように、もともと有斐閣のPR誌『書斎の窓』に連載された。肩の凝らない文章を目指しているが、本当に肩が凝らないかどうかは読者の方々の体感におまかせするしかない。

「プロムナード　その9」で議論の対象とした個人の投票行動の効果について、筆者の見解は変わった。個々人の投票が選挙の結果に影響を与えることは十分にあり得る。政治を通じて社会公共の利益に貢献しようとする市民の行動は、志を共にするメンバーが十分な数存在する場合には、合理的である。この点については、拙著『憲法の円環』(岩波書店、二〇一三年)第9章「多元的民主政観と違憲審査」をご覧いただきたい。

本書の岩波人文書セレクションとしての復刊にあたっては、岩波書店編集部の互盛央氏に万端にわたってお世話になった。厚く御礼申し上げる。

二〇一三年八月

Y・H

た 行

な 行

は 行

ま 行

や 行

ら 行

索　引

あ 行

か 行

さ 行

■岩波オンデマンドブックス■

憲法学のフロンティア

1999年10月25日　第1刷発行
2013年10月24日　人文書セレクション版発行
2015年10月9日　オンデマンド版発行

著　者　長谷部恭男《はせべやすお》

発行者　岡本　厚

発行所　株式会社　岩波書店
〒101-8002 東京都千代田区一ツ橋2-5-5
電話案内 03-5210-4000
http://www.iwanami.co.jp/

印刷／製本・法令印刷

ISBN 978-4-00-730299-2　　Printed in Japan